世界体育史丛书

郝勤　主编

英国体育史

张新　凡红　郭红卫　等　著

人民体育出版社

图书在版编目(CIP)数据

英国体育史 / 张新，凡红，郭红卫著
. —北京：人民体育出版社，2019（2021.2.重印）
(世界体育史丛书 / 郝勤主编)
ISBN 978-7-5009-5615-0

Ⅰ. ①英⋯ Ⅱ. ①张⋯ ②凡⋯ ③郭⋯ Ⅲ. ①体育运动史-英国 Ⅳ. ①G815.619

中国版本图书馆 CIP 数据核字（2019）第 150165 号

*
人民体育出版社出版发行
北京建宏印刷有限公司印刷
新 华 书 店 经 销
*
787×1092 16 开本 12.5 印张 210 千字
2019 年 8 月第 1 版 2021 年 2 月第 3 次印刷
*
ISBN 978-7-5009-5615-0
定价：60.00 元

社址：北京市东城区体育馆路 8 号（天坛公园东门）
电话：67151482（发行部） 邮编：100061
传真：67151483 邮购：67118491
网址：www.sportspublish.cn
（购买本社图书，如遇有缺损页可与邮购部联系）

张新简介

张新，男，1965年生人。成都体育学院教授。早年师从著名体育理论学者周西宽教授，获得体育史方向硕士学位。后辗转传媒多年，曾任《华西都市报》体育新闻部副主任、天府早报编委、总编助理，采访观摩奥运会、世界杯、世界田径锦标赛、英超、NBA等国际国内一系列重大赛事，为资深体育记者。近年回归学术理论思考，从对体育的历史回望出发，穿越到关注当代体育实践，借用历史学、人类学的眼光透视体育现象，在体育赛事史以及当代运动项目文化研究方面，有独到的见解。在核心期刊及学术会议发表学术论文20余篇，参与及主持多项学术课题研究，出版专著3部。主笔撰写的《体育赛事简史》为填补国内研究空白之作，对于人类体育竞赛活动由古到今的历程进行了别有新意的叙述。

凡红简介

凡红，女，英国班戈大学终身教授兼校长助理、博士生导师，《国际体育史期刊》亚洲区主编，澳大利亚西澳大学教授，成都体育学院客座教授。出版了《从巫师祭坛到奥运圣火》《体育权利论》《sport in asian society: past and present》等多部专著。

序

体育：在历史中奔跑

郝勤

现代体育是一个全球文化体系，是人类社会发展与文明进步的重要成果与标志。现代体育以共同的理念、统一的规则、跨国性组织、周期性赛事及全球化活动方式将世界连接为一个整体，使全人类拥有共同的语言与梦想。现代体育以竞技与身体运动为核心，在促进人的身心健康、人格发展、社会和谐及世界和平等方面具有重大意义，并在政治、经济、文化、国际交往等领域产生着重要作用与影响。

中国体育是世界体育的重要成员与组成部分。从历史来看，现代体育是中国人最早接纳并融入世界的领域之一。资料显示，早在1840年前后，现代体育的一些运动项目即在香港、澳门等地登陆中国。19世纪末20世纪初，随着教会学校的出现与基督教青年会的传教活动，田径、球类等许多现代体育项目陆续由天津、上海、广东等地传入中国。与此同时，在“救亡图存”“强国强种”的强烈愿望下，清末民初的中国知识分子也从日、德、英、美等国大力引进现代体育。20世纪上半叶，中国逐渐融入世界体育体系，不仅在全国中小学设置体育课，还举办了七届全国运动会，参加了十届远东运动会和三届奥运会。中华人民共和国成立伊始，即排除各种障碍，参加了1952年赫尔辛基奥运会。1958年至1979年，中国因众所周知的原因脱离了世界体坛。改革开放后，中国重新回到国际体育大家庭。从1984年洛杉矶奥运会开始，中国运动员在一系列重大国际赛事中取得了举世瞩目的成就。1990年，北京成功举办亚运会，2008年北京成功举办第29届夏季奥运会，中国体育代表团取得金牌总数第一。中国为世界体育的发展作出了重要贡献，成为促进世界体育发展、推动世界和平与人类进步的重要力量。

就中国体育与现代体育的历史关系而言，与欧美人不一样，现代体育是中国人在家仇国恨、民族危亡背景下被动接受的外来文化。体育对中国人而言从一开始就不是欢快的游戏，而是在强烈民族情绪下"救亡图存""强国强种"的路径与手段。对体育这一外来文化的功能与价值，中国人始终是以自己的视角与心态来理解的。这就是为什么从康、梁、秋瑾、蔡锷再到蔡元培都力主"军国民主义体育"。从清末民初始，"打败洋人""为国人争气"一直是中国体育的主旋律。直至今天，"为国争光""爱国主义"仍然是中国人心目中厚重的体育价值观。

从1984年洛杉矶奥运会到2008年北京奥运会，中华民族的"百年耻辱"终于在奥运会奖台上一扫而光，中国人的"百年梦想"在体育领域得到实现。但与此同时，在中国全面奔向小康社会的背景下，中国人对体育的价值需求也发生了显著而重大的变化。中国人民不仅需要在重大国际赛场上扬眉吐气，也需要通过体育增强国民体质，促进身心健康，实现人的全面发展与社会和谐进步，提高生活质量，发挥体育在社会、经济、文化、外交等领域的独特作用与重大影响。由此，在北京奥运会后，中国体育进入了全民健身、竞技体育、体育产业、体育文化全面协调发展的新阶段。2014年，国务院下发的《关于加快发展体育产业促进体育消费的若干意见》指出："发展体育事业和产业是提高中华民族身体素质和健康水平的必然要求，有利于满足人民群众多样化的体育需求，保障和改善民生，有利于扩大内需，增加就业，培育新的经济增长点，有利于弘扬民族精神、增强国家凝聚力和文化竞争力。"显而易见，这是新的历史时期中国政府与人民对体育的全新需求与共识。

新的实践需要新的理论。在新的历史时期，中国体育发展实践对体育理论和学术研究必然提出新的任务与要求。在实现由体育大国向体育强国迈进的道路上，我们迫切需要研究和了解世界各国体育发展的历史与经验。毕竟，西方发达国家在体育的社会化、市场化和职业化道路上比我们先行一步，当前中国体育发展中遇到的许多问题都是欧美发达国家经历过的，他们的经验与教训都值得我们很好地去学习与借鉴。

在新一轮体育改革发展进程中，体育史学必将扮演重要的角色，彰显自身的学术价值与理论意义。体育史学是记录、收集、整理、研究、解释体育这一社会文化现象发生、发展、演变的过程与规律，从而帮助人们认知体育并为体育的发展提供历史借鉴的学科。体育史学通过严谨的材料收集、甄别、分析与运用，将历史的经验与教训加以总结与研究，从而为体育改革发展决策与实践提供必不可少的参考与借鉴。就这一意义而言，体育史学不仅是体育学的基础性学科，而且也是一门实践指导性很强的应用学科。

举个例子来说，中国足球的职业化与市场化改革从1995年起步，期间历经大起大落，曲折坎坷，迄今仍在艰难中摸索。而欧美各国职业足球已有百余年历史，发展水平高，法规配套，市场完善，产业成熟，已经发展成为规模巨大的产业门类。其实，欧美足球在职业化过程中也曾遭遇很多挫折，有的问题比中国足球还要严重，但是我们却很少去研究、借鉴别人的经历与经验，思考如何避免再走这些弯路。再推而广之，诸如大众健身产业打造，职业赛事组织管理，俱乐部、联赛或联盟建设，电视网媒赛事转播权营销，体育媒介运行与服务，运动员转会市场管理营销，运动员保险，体育赞助与广告，球迷关系公关，体育场馆管理与营销等，这些都是目前中国体育改革发展的新课题，在实践中也遇到了很多新问题。但由于欧美发达国家历经多年发展，业已形成较为完善而成熟的市场管理与运行机制，这些问题都需要从史学的角度加以总结与阐释，以为我所用。

自现代体育传入中国以来，体育史学就是中国体育科学体系的基础理论学科之一。早在19世纪初，严复、孙中山、梁启超、蔡锷、陈独秀、毛泽东、蔡元培等时代先驱便在了解和研究欧美、日本等国家和地区近代史基础上，注意到了体育之于“强国强种”、振兴中华的重大意义与价值。1919年，当中国刚开始出现体育教育之时，郭希汾先生便撰著了国内首部《中国体育史》教材，开启了中国体育史研究的先声。此后，体育史学也开始逐步成为中国体育理论和学术研究的基础性学科。

20世纪60年代是中国体育史研究的奠基时期。1962年，成都体育学院体育史研究室（1986年改为体育史研究所）的成立是中国的体育史学科的里程碑。这不仅是国内第一个正式建立的体育史专业研究机构，而且形成了首个体育史学术团队与梯队。老一辈体育史学者李季芳、孙仲达、董时恒、张咏、卢君雄、周西宽、旷文楠、梁光柱、颜绍泸等在十分困难的条件下开辟了中国古代体育史、中国近现代体育史和外国体育史等各个研究领域，发表和出版了大量重要文章与著作，为中国体育理论与体育史学的发展作出了开拓性的重要贡献。

在新的历史时期，体育史研究秉承“继承传统，开拓创新”理念，不仅完成了大量科研成果，获得了包括国家社科基金重大招标课题等在内的国家重大课题立项，而且创建了国内首个以中国古代体育史为主题的体育史博物馆，建立了国内体育院校首个文史专业，形成了本科、硕士、博士在内的人才培养体系，成为国内公认的体育史与体育文化人才培养基础与摇篮。

外国体育史是成都体育学院体育史研究所开创的重要研究领域。早在20世纪60年代初，体育史学的前辈们就对美国、英国、日本、德国等国体育史资料进行了翻译与整理。笔者于20世纪80年代初在成都体育学院体育史研究所攻读硕士研究生时，使用的教材就包括了美国学者范达冷的《世界体育史》、日本学者岸野雄三所著《欧洲体育史》、日本学者今村嘉雄的《体育史学》等。而这些珍贵的文献都是前辈学者们翻译且亲自用蜡纸钢板手刻油印的！

遗憾的是，因为种种原因，当年老一辈苦心翻译的这些译著并未能正式出版。更令人遗憾的是，除了20世纪90年代周西宽、颜绍泸先生所著《体育运动全史》及近年来翻译出版的德国历史学者沃尔夫冈·贝林格所著《运动通史》、法国历史学家乔治·维加雷洛所著《体育神话是如何炼成的》等著作外，迄今为止国内正式出版的外国体育史研究成果寥寥无几。由此导致国内对世界各国，尤其是发达国家体育发展的历史与特点几乎一无所知。这种情况不仅不利于我们了解这些国家体育发展的情况与特点，而且对体育理论与学术研究领域也是一个巨大的缺失。

2011年，成都体育学院体育史研究所在学校领导的大力支持下，利用学校申报博士授权单位专项基金，组织有关专家学者撰译《世界体育史丛书》。该丛书拟分别就英、美、德、俄、法、日等主要体育发达国家的体育史进行研究和翻译，系统全面地介绍这些国家体育发展的历史与特点。之所以选择这些国家，不仅是因为它们在当今国际体坛有较大影响，而且在历史上这些国家与中国现代体育的兴起与发展关系十分密切，有助于我们更好地了解中国现代体育传入发展的源流脉络。

路漫漫其修远兮，吾将上下而求索。出版一套世界体育史系列丛书，不仅是中国体育学科建设和体育改革发展实践的需要，也是几代体育史学者的心愿。在此，我们谨对支持这套丛书撰译出版的成都体育学院领导、人民体育出版社，以及所有参与和支持这套丛书的专家学者表示衷心的感谢。我们相信，是共同的理想与事业将我们联系在一起，并将指引我们在探索的道路上继续走下去！

2019.5

目 录

第一章 古代英国：运动游戏的悠远传承 …………………… （1）

一、古英国概况：刀剑书写民族历史 ………………………… （2）

二、骑士时代的比武赛会（tournament） ………………… （4）

1. 比武方式：野蛮到文明 ……………………………… （5）

2. 骑士伦理：勇敢与优雅 ……………………………… （8）

3. 骑士之死：英国长弓训练 …………………………… （11）

三、游戏狂欢——快乐的英格兰 …………………………… （14）

1. 运动环境：城堡・教堂・广场・郊野 ……………… （14）

2. 宗教影响：身体的管控与放纵 ……………………… （17）

四、运动项目：古老又“现代”的游戏 ……………………… （19）

1. 足球（football） ……………………………………… （19）

2. 曲棍球（shinty） …………………………………… （21）

3. 高尔夫球（golf） …………………………………… （23）

4. 网球（tennis） ……………………………………… （24）

5. 狩猎（hunting） …………………………………… （25）

6. 棋牌（primero） …………………………………… （27）

第二章 工业时代：现代体育的形成与发展（18世纪下半叶——第二次世界大战前）……（29）

一、运动项目的现代化改造……（31）

1. 赛马……（31）

2. 射箭……（35）

3. 拳击……（37）

4. 足球……（40）

5. 赛艇……（47）

二、公学体育的兴起……（51）

1. 英国公学的性质和历史……（51）

2. 19世纪英国公学体育的兴起……（54）

3. 英国公学体育的特色项目……（57）

4. 英国公学对于现代体育发展的历史贡献……（58）

5. 公学体育价值观：培养光荣的绅士……（60）

第三章 战后英国：现当代体育的“福利”变迁（1945年起至今）……（62）

一、福利国家的体育建设（1945—1979）……（64）

1. 楔子，1948年伦敦奥运会的红与黑……（64）

2. 贵族与平民：“愤怒青年”的体育呐喊……（66）

3. 雇工到富豪：球员工资最高限令的取消……（67）

4. 光荣与辉煌：1966年世界杯足球赛夺冠 …………… (71)
5. 国家与个人：沃夫登报告的体育指向 ……………… (73)
二、新自由经济时代的体育道路（1979年至今） ………… (75)
1. 海瑟尔惨案：改变体坛格局的分水岭 ……………… (76)
2. 媒介牵引：英超联赛横空出世 ………………………… (79)
3. 金牌战略，英国体育的第三条道路 ………………… (84)
三、战后英国部分项目发展概貌 ……………………………… (86)
1. 板球，“绅士”让位给“运动员” ………………… (86)
2. 田径，跑出“业余”的牢笼 …………………………… (89)
3. 橄榄球，职业冲垮业余防线 …………………………… (95)
4. 网球，“公开”走上职业道路 ……………………… (97)
5. 尾声，《烈火战车》的古老呼唤 …………………… (99)

第四章 凯尔特传统，英伦三地的特色体育 ……………… (101)

一、爱尔兰的盖尔运动 ……………………………………… (103)
二、威尔士的橄榄球标签 …………………………………… (110)
三、苏格兰的高地运动 ……………………………………… (114)

第五章 殖民地体育与英联邦运动会 ………………………… (119)

一、殖民地与英国体育的国际传播 ………………………… (120)
1. 海外开拓，派遣“帝国运动员” ………………… (120)
2. 体育搭桥，当地贵族加入英式生活 ……………… (124)

3. 帝国落日，“骨灰杯”赛的恩怨 …………………… (132)
二、英联邦与英联邦运动会 …………………………… (132)
1. 殖民帝国的“友谊运动会” ……………………… (132)
2. 英联邦青年运动会 ………………………………… (134)
3. 英联邦运动会的组织机构及职责 ………………… (135)
4. 英联邦运动会的项目设置及传统仪式 …………… (136)
三、英联邦运动会的兴起 ……………………………… (139)
1. 英联邦运动会兴起的政治背景 …………………… (139)
2. 英联邦运动会兴起的文化背景 …………………… (140)
四、英联邦运动会的发展及影响 ……………………… (142)
1. 英帝国运动会——帝国坍塌间的挣扎 …………… (142)
2. 大英帝国英联邦运动会——政治干预发展 ……… (144)
3. 不列颠英联邦运动会——短暂更名不温不火 …… (148)
4. 英联邦运动会——文化盛会渐入佳境 …………… (149)
5. 英联邦运动会的影响 ……………………………… (153)

第六章 英国与奥林匹克运动 …………………… (157)

一、现代奥林匹克起源：英国地方性“奥运会” ………… (158)
1. 科兹沃“奥运会” ………………………………… (158)
2. 文洛克“奥运会” ………………………………… (160)
3. 利物浦奥林匹克节日 ……………………………… (164)
4. 英国莫珀斯奥运会 ………………………………… (165)

二、英国全国性“奥运会” …………………………………（167）
三、英国承办的国际奥林匹克运动会 ……………………（169）
1. 1908年伦敦奥运会 ……………………………………（169）
2. 1948年伦敦奥运会 ……………………………………（173）
3. 斯托克曼德维尔运动会 ………………………………（176）

附录 ……………………………………………………………（179）

后记 ……………………………………………………………（181）

1

第一章

古代英国：运动游戏的悠远传承

英国古代体育在民族迁徙的刀光剑影中演进，这既是一个征伐不断的时代，又是一个“体育”的时代。形容时代特征的两个关键词，即“骑士时代”与“快乐的英格兰”，都隐含了体育的色彩。首先在社会上层形成了一个骑士阶层，他们一生专事征战与比武竞赛，可以说是当时的“体育人”。在骑士法典的约束与骑士精神的感召下，他们在竞赛中逐渐显现出光明正大的品行，为现代体育竞赛示范了一种高尚的竞赛行为。在英国民间社会，普通民众的生活中也充盈着运动游戏的狂欢，城镇乡村都流行着各类运动游戏，足球、曲棍球、网球、高尔夫、板球等运动项目吸引了大量人群参与，并且形成了相对固定的游戏规则与竞赛方式，古代社会在无形之中萌发着现代体育项目的胚芽。

一、古英国概况：刀剑书写民族历史

英国是现代体育的发祥地，有学者把我们现在由运动项目、教育训练、公共竞赛构成的世界体育模式称为盎格鲁撒克逊体系。运动在这个国度有着特殊的地位和文化意义，这个民族的血液中流淌着运动的基因，所以，我们对英国体育史的叙述必须追根溯源，在这个民族的文化流变中追寻他们开创现代体育的历史源泉。

不列颠群岛是一方乐土，苏格兰高地等部分山区之外的其他区域，白垩岩上覆盖着肥沃的黏土，窄窄的海峡是一道天然屏障，把英国和欧洲大陆分开，保持了不同于大陆的独特性，使英国人自豪地形容说："聆听涛涌在我们周围从容地拍打。"也正是因为富饶宜居，使这个地方不断上演着民族迁徙的冲突与融合，英格兰民族的形成过程中经历了三个主要历史分期：古凯尔特人时期、罗马不列颠时期、盎格鲁–撒克逊时期。

英伦三岛上没有原住民，都是外来户移民。至少在30万年前，这里已经有人类生存，这些首先进入不列颠的人类先祖还处在从直立人向智人过渡的阶段。以后漫长岁月中，陆续有移民到来，较早的一次迁徙是来自地中海的伊比利亚人，他们身材矮小、头型窄长，大约从公元前3000年左右迁入不列颠。接着是来自阿尔卑斯山的陶盆人，大约在公元前2000年以后由东南方向渡海进入不列颠，陶盆人威武好战，善使弓箭，也使用短剑、铜矛和护腕。也许因为年代久远、人口稀少等原因，这两批移民没有在英格兰民族的体貌特征和文化传承中留下明显的痕迹。也是从公元前2000年开始，英格兰民族的一个重要支系凯尔特人分三批从欧洲大陆涌进不列颠，第一批是戈伊德尔人，他们率先迁入不列颠。第二批迁入的凯尔特人是布列吞人，他们打败了先到一步的戈伊德尔人，并趁势把这个大西洋上的群岛命名为"布列吞"（Britain）。第三批凯尔特移民是来自高卢北部的比利及人，他们为了逃避罗马的征服从塞纳河、马恩河以北地区逃到不列颠，他们的语言、风俗与布列吞相通，很快融为一体。这三个凯尔特系统的三个支系相互融合成了不列颠人，少部分拒绝同化的戈伊德尔人逃进高山溪谷的苏格兰和爱尔兰。在苏格兰的戈伊德尔人逐渐形成了苏格兰盖尔人，在爱尔兰的戈伊德尔人逐渐形成了爱尔兰盖尔人。这就是今天苏格兰、爱尔兰体育与英格兰形成区分的原因，苏格兰人也特别热衷与英格兰之间的足球比赛，以此来表达他们与英格兰的民族身份差异。

公元43年，恺撒率领罗马军团进占不列颠，由此开始了将近5个世纪的占领，进入了“罗马不列颠”时期。罗马人让凯尔特人见识了罗马的文明，他们在伦敦建立了宏伟的柱廊大厅、广场、剧院，使不列颠的贵族迅速被罗马化，这些不列颠人开始说拉丁语，模仿罗马贵族的方式开始生活。当然，罗马占领军的人口较少，主要是官员和士兵，影响力不可能覆盖广大乡村地区。公元5世纪初，在日尔曼蛮族的反复冲击下，罗马帝国从不列颠撤兵，罗马的影响几乎被蛮勇的人群彻底湮灭。

真正的“主角”到来是在公元5世纪初，日尔曼族系中的盎格鲁人、撒克逊人和朱特人像潮水般席卷而来。盎格鲁人、撒克逊人原来活动在北海沿岸的什勒苏益格和霍尔斯坦因一带，朱特人则活动在莱茵河下游地区。他们是以雇佣军的身份进入不列颠的，先是作为罗马军团的辅助部队和雇佣兵，后来应不列颠国王沃尔蒂格恩的要求，从欧洲大陆迁入不列颠以帮助抵抗哈德良长城外边的皮克特人的入侵，终因军饷问题产生不可调和的矛盾，开始了持续150年的征服战争。和经历了罗马化的不列颠人相比，这些蛮族还处在原始部落时期，但作为雇佣兵，他们更加勇武好战，又掌握了先进的军事作战技术，最后征服了不列颠。部分不列颠人被迫迁入威尔士山地，逐渐演变成今天的威尔士人。盎格鲁人把自己的名字烙在了这片土地，英吉利这个名字源自“盎格鲁人”（Angles），“Engla-lond”意为“盎格鲁人之地”，后来音译变成了Engeland，从公元8世纪末开始，人们习惯用英格兰来称呼除去了苏格兰和威尔士的不列颠岛。

“盎格鲁人、撒克逊人和朱特人的入侵开始了真正英格兰民族的历史”[1]。以后在抵抗丹麦人、维京人等外来民族的入侵中，盎格鲁人、撒克逊人和朱特人

[1] 钱乘旦，陈晓律. 在传统与变革之间：英国文化模式溯源［M］. 杭州：浙江人民出版社，1991.

与不列颠人的融合最终形成，公元9世纪，威塞克斯国王阿尔弗雷德大帝统一了英格兰东部，第一个获得了“英格兰之王”的头衔。1066年，英国国王“虔诚者爱德华”辞世，法国诺曼底公爵威廉自称有诺曼血统的虔诚者爱德华生前答应由他继位，于是，爆发了英国历史上极其重要的“诺曼征服”，威廉公爵带领的诺曼底军队与英格兰贵族军队展开了黑斯廷山决战，结果威廉获胜，他以异族征服的形式统治了英格兰，同时也拱卫了英格兰，此后再也没有新的种族集团踏足英格兰。

威廉既是英格兰国王，又是法国诺曼底公爵，是法国国王的封臣，他统治的疆域延伸到了欧洲大陆，使我们在研究古代英国的历史时，也必须关注英王在欧洲大陆的大片辖地。这样一种奇特的双重身份，使整部英国的历史充斥着英王与法王之间关于土地、权利的明争暗斗，彼此在法国境内的土地纷争一直缠斗到1453年，除了加莱港外，英王在法国的属地全部被剥夺，最终定型了现代英格兰民族的地理空间。

几百年来在不列颠群岛这片得天独厚、富饶丰盈的土地上不断地上演着多个种族的人们为土地、为生存奋战的身影，在民族国家的形成过程中不可避免地不断发生暴力行为，所以，这个民族生龙活虎，他们的古代体育活动打上了军事色彩，他们的生活中充溢着运动游戏的狂欢。

二、骑士时代的比武赛会（tournament）

公元1—5世纪，罗马在不列颠占领区修筑了城市，城市中修建了罗马式的广场与圆形大剧场（通常也是举办角斗比赛的竞技场），在这样的罗马化过程中，也一度流行角斗士比赛，今天英格兰伦敦地区的考古发现证明了角斗士比赛曾经盛行的事实。但随着盎格鲁—撒克逊人的到来，这样一种以竞技活动来娱乐公众的罗马方式中断了传承，而几百年后，又兴起了另一种竞赛活动——骑士比武，这是中古时期英国以及整个欧洲风行的一项大型赛会。

在罗马人撤离后的几百年，盎格鲁-撒克逊人逐渐进入了封建时代，从公元8世纪起他们开始兴建城市，其中一些城市就修筑在罗马人留下的军城旧址上，因为这些地方常常选址优越，残存的城防设施经过修复和改建又可以使用，古英语中一个表示城市的词汇：ceaster，就来自罗马拉丁语的castra，与罗马不列颠时期著名的城市格洛斯特、切斯特、莱斯特等的称谓相一致。与欧洲大陆一样，封建领主的爵位与领地由嫡长子世袭继承，其他儿子就变成一名“骑士”，加入欧洲中世纪的贵族军事集团。骑士在欧洲中世纪扮演着重要角色，在欧洲的文化传承中有着特殊的地位，所以一些西方中世纪的研究者也把这个时期称为“骑士时代”，而骑士比武就是中世纪的一场运动盛会，对现代体育产生了深远影响，骑士比武的专用词汇：Tournament，也随着诺曼征服很快从法国传到了英国，演绎到今天意义就变成了“赛会”，骑士精神也被现代奥运之父顾拜旦看作是“奥林匹克精神”的代名词。

1. 比武方式：野蛮到文明

从公元9世纪开始，有了类似骑士比武的游戏，正式的骑士比武则起源于11世纪的法国北部地区，因为当时的法国北部地区出现了一种极其有效的新型骑兵战术，即一队骑士手持重型长枪一起冲锋。作为新型战术的训练手段，骑士比武应运而生，并迅速流行开来。

中世纪英、法之间土地交叠的特殊地缘关系，使骑士比武迅速在英国流行，英国青年贵族把去法国参赛看成人生大事。在12 世纪二三十年代，有两名英国贵族之间订立了这样一份封建契约：一名大领主贵族将一块土地赐给他的附庸，作为回报条件，受赐土地的附庸将作为大领主的随从骑士，到欧洲参加比武，这名领主为此做出承诺：我到海外参加比武时，将带他同去并带他回来，费用全部由我承担❶。因为骑士比武从欧洲传来，英国骑士又经常去欧洲大陆参赛，所以英国的骑士比武经历了与欧洲大陆共同的兴衰与规则变迁。

“骑士比武”（tournoi）包含多种竞赛方式。按比武人数划分，则分为群体比武（同样称作 tournoi）、一对一单挑（joute）和单人冲靶（quintaine）、骑马持长枪穿环（la course de bague）等；按是否骑马划分，则分为马上比武和马下比武两种，而马下比武又可分为地上比武和船上比武两种。早期的比武方

❶ 转引自：唐运冠. 西欧中世纪骑士比武的兴衰［J］. 世界历史，2016（1）.

式非常血腥，既是军事贵族团体进行模拟训练的游戏，又像是一场充斥着暴力、死亡的战争，与后来那种尊崇公平规则的“骑士精神”大相径庭。骑士比武活动的研究者，都爱引用英国著名骑士威廉元帅的两个案例，来证明早期比武的混乱与无序。一是采用诡计，把比武变成一场偷袭。英国的“青年国王”亨利在群体比武中多次吃亏，后来听取了威廉元帅的建议，假装不参加比武，等到场上的骑士打得筋疲力尽时，再奇兵杀出去窃取胜利果实。二是乘人之危，一次威廉元帅和他的同伴去饭馆吃饭，恰巧一个比武骑士在饭馆门前摔断腿，扑跌不起，威廉乘机把他俘虏了，用这名倒霉的骑士去换取赎金。

早期的骑士比武已经达到了很大的赛事规模，1279年，在法国桑利斯和贡比涅举行的两场比武吸引了西欧多国的骑士团队前来参赛，有超过三十个公爵和伯爵、上千名骑士蜂拥而至，其中就有国王爱德华一世带领的英国骑士团。而赛事举办的频率也很高，12世纪末，威廉元帅跟随“青年国王”亨利游历法国期间，他几乎每半个月就要参加一次比武。

粗暴的骑士混战席卷过城堡、街道、田野、村庄，没有固定的场地，也毫无规则可言。没有人数对等或装备统一的要求，有时候还有步兵辅助，甚至群情激愤的平民观众也可能持械加入战团。使用的武器通常也是战争中使用的真刀真枪，可以攻击已经被打掉了头盔的骑士。有一次威廉元帅的头盗就在比武中被打得严重变形，嵌入他的肉里，找到铁匠才把头盔凿开。他算是骑士比武的幸运者，因为在比武中毙命的骑士不绝于途。1273 年发生在沙隆伯爵和英王爱德华一世之间的“沙隆的小战役”（la petite batailles de Chalons）就造成众多伤亡❶。

从13世纪开始，骑士比武发生了根本性改变，一系列规则的制订，清晰了战争与游戏之间的界限，暴力成分减退，文明优雅的色彩增加，这是一个“文明化”与“体育化”的过程，而英国在骑士比武的文明转型中起到了关键作用，英国的“圆桌骑士”引领了西欧骑士比武的风潮。

“圆桌”一词最早于12 世纪中叶出现在罗伯特·韦斯（Robert Wace）为英

❶R.科尔曼·克莱潘：中世纪的骑士比武［M］.（The Mediaeval Tournament）多弗出版社，1995：16.

国国王亨利二世撰写的亚瑟王传奇《布吕特传奇》（Roman de Brut）当中，这部骑士文学作品讲述了传说中伟大的亚瑟王和他麾下骑士的故事，亚瑟王用他岳父赠与的大圆桌来聚会骑士，一张巨大的圆桌围坐了众多的骑士，他们可以自由发言议事，没有身份地位的差别，“圆桌”表达了骑士之间“平等”“团结”的符号意义。而这种成员之间相互平等的骑士团的概念，很快影响了整个西欧的骑士世界，改变了骑士比武的方式与规则。

亚瑟王与他的圆桌骑士，此后成为忠诚的国王骑士是青年贵族的巨大荣耀

“圆桌比武”扭转了骑士比武的混乱状态，使马上单挑成为最流行的比武方式。这种一对一的马上比武，由两名骑士手持长枪策马对冲，胜负判定标准，要么把对手刺落马下一击成功，要么在多回合的比赛中计算长枪在对手身上折断的次数。根据现代模拟实验测量，马上冲锋刺出这一枪的力量达到了4吨重，所以为了避免伤亡，13世纪中叶规定比赛中使用钝枪头，杜绝使用锋利的真枪头，这是一个具有里程碑意义的变革，是骑士比武区别于战争成为纯粹体能游戏的标志。

群体比武也因为新规则、新法令的约束减少了伤亡，1292 年，英国国王爱德华一世颁布了一项针对群体比武的法令，其中有三个关键性条款：首先，骑士无论多富有，每人最多只能携带三名扈从上场；其次，无论是骑士还是扈从都不允许携带锋利的刀剑或钝头锤；最后，现场观众和步骑仆从一概不许携带武器。这就控制了场上对抗双方的人数，避免观众与随从加入混战。这个时期，开始要求比武者提供贵族出身的证明，这是骑士贵族的身份意识发生变化的一个重要表征，把比武活动局限在骑士贵族圈子内。自此，骑士比武成为贵族专属体能运动。

2. 骑士伦理：勇敢与优雅

骑士比武的盛行，缘于西欧封建制度的持续演进。就骑士团集体而言，封建领主组建骑士队伍参加比赛，可以显示其拱卫领地的实力及名望。早期英国王室在骑士比武的问题上的立场似乎自相矛盾：他们反复颁令禁止比武活动，以防止下面的大领主贵族借机发展个人势力，但他们同时又亲自组织并参加许多比武活动，以吸引广大骑士向王室效忠。就骑士个人来说，因为家族财富由长子继承的世袭制度，把那些在家族中无望谋得财富的青年贵族推向了社会，他们把比武场看作是谋取出路的舞台。那个年代，骑士的青年生涯十分漫长，通常以他受封为骑士开始，持续到他结婚或者成为父亲为止。威廉元帅的青年时期从20岁弱冠受封开始，就延续了25年，而作为一个小贵族后代的威廉元帅，凭借在骑士比武的出色表现，成为一名英格兰的传奇骑士，担任了四代英格兰君王的顾问与摄政，他的成功为众多穷困的青年贵族树立了榜样，使他们在骑士道路上趋之若鹜。13世纪的欧洲流行着这样一种关于骑士的说法："他正是那种理想的借贷对象，因为他知道怎样收获回报。"❶说明许多穷困的骑士不惜借贷去参加比武，以此来赢得改变命运的机会。

因为有一个固定的青年群体参与，使骑士比武逐渐演变成有核心价值观支撑与行为规范约束的文化活动，骑士比武的过程也更加戏剧化与仪式化，勇敢、荣誉、慷慨、正义、忠诚的"骑士精神"以及宠爱贵妇的"骑士之爱"，都是饶有意味的文化表征。

---

❶ 菲力浦·德·雷米. 拉玛基内传奇（Philippe de Reimes, Roman de la Manekine）［M］. 莫尔德和勒努出版社，1840：2615–2931.

早期的骑士比武血腥粗暴，被基督教一部分宗教观点看作是魔鬼的诱惑。早在12世纪，教皇就严厉遣责骑士们玩这种活在地狱边缘的危险游戏。13世纪骑士比武导致重大伤亡事件后，传说有人看到魔鬼化身为乌鸦和秃鹫，在成堆的尸体上方发出可怕的叫声。这一点在中世纪英国和法国的手抄本插画中也得到印证，这类插画中，骑士比武的上方半空中，总有魔鬼在逡巡。

图画左上方的魔鬼正在搜寻那些薄命的骑士，寓意骑士比武活动是魔鬼的诱惑

女性在骑士比武游戏中扮演着重要角色，拥有非常特殊的崇高地位，使骑士们不惜犯难蹈险去赢得贵妇之爱，成为骑士勇敢甚至暴力行为的力量源泉。每一个骑士都会有一个尊崇的贵妇，把他光荣的胜绩和物质所得献给他心中的偶像。这就是中世纪的“骑士之爱”。这样一种特殊的行为现象，与十字军东征过后，流行圣母玛利亚崇拜的宗教观念有关联。贵族妇女往往是骑士比武游戏中的仲裁者，也是奖品的颁奖者，也可能是比武最高奖品的提供者，例如威廉元帅1177年就赢得了一位贵妇提供的一枝漂亮的长枪，1215年英国的一份比武邀请中就写明“优胜者将获得一位贵妇专门提供给比武盛会的一头熊”❶。贵妇与骑士之间形成了一整套的互动交往仪式，从骑士题材的插画反映的场景看，骑士比武开始前，贵妇把长枪和头盔授予她保护的骑士，从而把自身的荣誉与这名骑士捆绑在一起，骑士的胜利就是她本人的胜利，比武后胜利的骑士，要把他赢得的金冠戴在他的贵妇头上。

❶ 转引自：唐运冠. 游戏与法国11—17世纪的社会演变［D］. 杭州：浙江大学，2013.

这幅骑士题材插画，反映的是骑士接过贵妇授予的头盔后进行比武，
中间上方最尊崇位置的一名贵妇等待着颁发桂冠

贵族女性的角色存在，提升了骑士行为的精神品质，激发并强化了他们克服千难万险的坚定信念，把冲撞强烈的体能游戏变成了一场求偶的竞赛仪式。

从13世纪开始，骑士比武的文明化进程改变了骑士行为的价值取向，那种不择手段赢取财富的行为变得非常可耻，骑士阶层形成了勇敢、荣誉、忠诚、正义的价值观念，这样一种具有规则意识的观念为现代的体育精神提供了历史的传承，所以后来的现代奥林匹克之父顾拜旦把“骑士精神”看作是“体育精神”的同义词。

16世纪骑士的贵族身份意识表达，使骑士比武的技术动作带有明显宫廷文化的烙印，“优雅”成为骑士动作范式的核心追求。在马上一对一的比武过程中，对于举枪瞄准对手、断枪的收束等一系列动作都有详细要求，这样一种从容不迫的优雅身体控制，体现了法国哲学家福柯所说的社会对身体的“规束”，比武中动作是否优雅，成为界定一名骑士是否高贵的基本要素。

骑士比武随着规则的细化，已经高度程序化和仪式化，比武过程一般要进行几个环节：发出正式比赛邀请、修建正规的比赛场地、在裁判监督下比赛、仲裁委员会宣布结果、贵族妇女颁奖。伴随英国圆桌比武的兴起，在骑士比武过程中还加入了有关亚瑟王及其圆桌骑士传奇的“剧情”编排。像古代希腊奥林匹克运动会一样，骑士比武赛会影响着现代体育比赛的观念，具体到一些体育词汇都衍生于骑士比武，比如源自欧洲大陆德语词源的“体操”（Turnen），就来自骑士比武中优雅的转身动作。可见，骑士比武是影响现代体育的一项重要赛事（tournament）。

3. 骑士之死：英国长弓训练

英国骑士是欧洲骑士竞赛的积极参与者，也是规则改变的引领者，但最后他们是欧洲骑士比武终结者，英国人用他们火药发明之前最可怕的武器——英国长弓，在英法战争中轻松击败了法国骑士军团的集体冲锋，使骑士比武丧失了备战军事斗争的合理性，于是骑士的技艺是否还适用于战争引起了质疑。

英国王室一直鼓励民众练习射箭，特别是1252年的威斯敏斯特条例（Statute Von Westminste）规定，所有年龄在15~60岁的英国男子都必须定期练习射箭。由此，射箭变成了英国的全民运动，很多英国男子都身背一张和自己身高一样长短的弓箭，弓由西班牙紫杉木做成，箭头取用英国白蜡树材料，箭羽采用鹅毛。这种特殊制作的长弓，射程远，具有超强的穿甲能力与杀伤力。为了便于民众练习，伦敦等城市周围还建起了很多射箭场。射箭活动在英国有着悠久的传统，好汉罗宾汉的故事，就塑造了一个擅长使用英国长弓的英雄形象，而今天英国人的姓名，仍然可以看到当年射箭盛行的痕迹：比如名叫阿彻（Archer）的人，本意为弓箭手；阿罗史密斯（Arrowsmith），意为制箭工匠；鲍耶（Bowyer），意为贩卖弓箭的人。

英国长弓成为击溃骑士冲锋的制胜利器

英国长弓成为英国人守土抗战的制胜法宝，根据一份清单，1523年伦敦塔内还存放着11000张长弓，6000支弓杠，86400副弓弦和384000支弓箭，一旦战乱，即可用来保卫城市❶。英国长弓的军事意义一直持续到中世纪末，特别是14、15世纪英法之间的关键战役中，发挥了决定性的作用。

1415年的阿金库尔战役被称为中世纪“骑士之死”的转折点，为了收复诺曼底领地，亨利五世率领的英国军队在法国境内作战，5900名英国士兵面对36000名法国贵族骑士，但法国骑士在英国5000名长弓手与900名徒步骑士面前人仰马翻。英国人利用雨后泥泞的条件，在阵地前沿设置了水坑、木桩等障碍，法国人像枪术比赛一样堂堂正正地冲锋，先是被英国长弓大量杀伤，冲到阵地前沿的重装骑士又被木桩和坑洼绊倒。本来，这些骑士无论在比赛或者战争中只要递出手套认输，对方就会按骑士的原则接受投降，随后王室或者领主会花钱赎回战俘，但这次当他们递出手套认输时，轻装的英国弓箭手和徒步骑士抄起砍刀、手斧和锯子，毫不留情地杀死了包括阿拉贡公爵在内的法国骑士。这一战，法国大大小小的贵族战死5000多人，包括3名公爵、5名伯爵、90名男爵，法军大元帅被俘虏，终死于英国的监狱中，而英国人除约克公爵战死外，仅损失了10多名徒步骑士和100余名长弓手。

骑士体面认输的游戏规则被破坏了，骑士比武的军事训练功能也就此丧失，变成了纯粹的宫廷娱乐活动，马下障碍比武和骑马刺靶游戏取代马上单挑，成为最流行的项目，与真人骑马对冲的枪术比赛相比，这种比赛方式的对抗性大大减弱。当然骑士比武作为欧洲的文化传统还在阿金库尔战役之后延续，有时候还有很大的规模。英国、法国等国的君主们还热衷于举办规模宏大、豪华奢侈的骑士竞技盛会。到16世纪早期，英国国王亨利八世还热衷举办骑士竞技，为展示武力，经常在外交活动中安排骑士竞技活动招待外国使者。1520年6月7日至24日，亨利八世和法国国王弗朗西斯一世在位于加莱港附近的“金缕地”（The Field of the Cloth of Gold，今属法国，但在当时为英国领地）会晤。在这场盛大、奢华的外交活动中，特意举办了一场精彩的骑士比武大会。约在1545年，多位宫廷画家联合创作完成了一幅大型油画，全景式地展现了这场会晤的恢弘场景，油画的右

❶ 转引自：沃尔夫冈·贝林格. 运动通史［M］. 丁娜，译. 北京：北京大学出版社，2015：97.

上角表现的即为两位武士进行一对一的马上长矛决斗的场面，两位国王携夫人身穿盛装在看台上观看，比武场一角的大树称为“荣誉之树”，树枝上挂着象征荣誉的奖品。

现藏于英国汉普顿宫的油画《金缕地》，描绘了中世纪英、法之间举行骑士比武的盛大场景

16世纪后期，骑士比武经历了边缘化过程，逐步走向衰落。而英国长弓则成为贯穿中世纪的英国全民军事体育项目，在1596年英国军队用火枪作为步兵武器之前，英国长弓仍然是最有效率的杀伤性武器，具有军事实用价值。在这个时期，英国著名的人文主义者、曾经担任伊丽莎白女王的家庭教师的罗杰·阿斯坎（Roger Ascham，1515—1568），还用对话体撰写了历史上第一部用英语完成的射箭方面的著作《射箭爱好者》（原名为Toxophilus），大力阐释和鼓吹射箭的益处并将它献给伊丽莎白女王的父亲亨利八世。到17世纪，火药武器技术进一步发展，火药把骑士阶层炸得粉碎，贵族城堡的石墙经受不住火炮的轰击，枪弹射穿了骑士的铠甲，贵族的统治跟身穿铠甲的贵族骑兵队一起同归于尽了。在这种技术背景下，射箭才更多地变成一种娱乐消遣，被英国人看作是最理想的身体锻炼活动，到17世纪以后仍然较为流行，最终成为英国人擅长的一项传统体育运动，一位名叫威利·多德的英国人还获得了现代奥运会射箭比赛的冠军，据称他的祖先就是

阿金库尔战役中的一名弓箭手。

三、游戏狂欢——快乐的英格兰

无论是在中世纪英国的城市还是乡村，娱乐休闲游戏都异常丰富，长期以来，人们习惯把工业革命前的这个漫长的时代称为“快乐的英格兰”。直到18世纪工业革命后，还有许多英国人充满了对这个时代的眷恋，威廉·科贝特（William Cobbett，1762—1835）在他的《骑马乡行记》中就表现了留恋难舍的心情。因此，中世纪英国的运动游戏不仅是体育史研究必须关注的篇章，同时也是社会学者在研究叙述英国的历史文化时不可或缺的内容，否则就无法再现历史的真情实景。所以，当回溯中世纪英国那些丰富多彩的游戏项目时，我们会发现很多现代的运动项目都可以在中世纪找到它们的踪影。

1. 运动环境：城堡·教堂·广场·郊野

我们首先需要了解中世纪英国社会的运动环境与参与人群，探究运动游艺风俗形成的背景。

中世纪的社会人群是一座“金字塔”：国王——拥有大片受封土地的大领主——拥有领地的小领主——效忠追随大、小领主的骑士、教士——可以自由迁徙到其他领主土地上居住的自由民——得到领主保护同时要为领主劳动并交粮、交钱的农奴。

中世纪英国城市规模不大，是一个“熟人社会”，大领主在其领地上修筑起城墙，为市民提供保护，这是第一道防线。当他获得国王颁发的官方文件——城垛特许令后，就会在城内一个山头或者其他要冲修建一处城堡，这是城墙被攻破后的最后庇护点，可以让市民进入城堡躲避兵火。城市管辖范围通常还包括城墙外3英里范围内的乡村，在这样一个不大的生活圈子内，领主、骑士、教士、商人、工匠、农民往往熟知对方的身份，结成了一个共度闲暇时光的娱乐共同体，他们游戏的身影活跃在城市各类开敞空间之中。

广场空地是中世纪英国市民运动游戏的快乐空间

广场是城市的中心，基本功能是市场交易，街道围绕中心广场呈放射状散开，城市平面布局围绕中心广场呈环型一圈圈扩大，城市的空间感体现在公共广场、露天广场、教堂、城堡以及城墙内农耕地的分布。而城市中心广场、教堂广场、市政厅广场、城堡宽敞的大厅、城市内的河道、农耕地，都变成快乐英国人的游戏场，菲茨斯蒂芬（Fitzstephen）12世纪的相关描述，是展现伦敦人休闲游戏方式的生活图卷：

在每年的忏悔节，学校的孩子们在老师面前玩斗鸡游戏，整个上午都沉浸在这种欢乐中；晚餐过后，所有的年轻人都去田地里踢球，每个学校的学生都有自己的球和球队：城里的富人和市民骑着马前来观看这些年轻人的运动，孩子们灵活、机敏的动作为他们带来了乐趣。在大斋期的每个礼拜五，一队精神饱满的年轻人骑马来到地头，最棒的骑手走在前面；然后是市民孩子的马队，还有其他一些年轻人，为他们拿着长矛与盾牌，他们在这里举行的战争游戏中一显身手……在复活节期间，他们玩水上打仗。先在溪流中插牢一根杆子，系上盾牌；准备好一条无桨小船，船靠水的冲力推进，小伙子站在船头，准备用矛刺击盾牌。如果矛刺中盾牌而他没有跌入水中，就被认为出色完成任务；如果没有击中，由于水流很急，船速很快，他就会猛地撞在盾牌上而掉进水里。这时两岸如潮的观众就会

> 一片狂欢。整个夏天，每逢圣日，所有的年轻人都要玩游戏：跳跃障碍、跳舞、射箭、摔跤、掷石头、耍盾牌……当城北洼地的大小沼泽封冻之后，许多年轻人到冰上玩乐；一些人尽可能地迈开双腿，飞快地滑行……有些人在脚底捆上一块骨头，由脚后跟控制，然后用一根小木棒推进，其滑行有如小鸟飞过天空，或如离弦之箭……❶

从这段描述文字可见，伦敦市民开展蹋球、滑冰、射箭、摔跤、掷石头等诸多游戏，还模仿骑士比武，举行战争游戏和水上刺靶活动。事实上骑士阶层对市民阶层的影响很大，市民们也学着骑士的样子在城市周边的广场上举行“比武大会”，所执行的规则与真正骑士比武大会的规则十分相似，比赛用具包括木棍、剑和小圆盾等，也与骑士比武的用具比较接近。在一些模仿骑士的游戏中，没有马匹时，就骑在同伴的肩上与对手搏斗，像骑士一样在“马”上战斗。

相比于城市，中世纪英国乡村生活虽然艰辛，农民日复一日地辛勤劳作，但丰富的娱乐游戏相沿成习，积淀成乡村地方共同体狂欢文化的传统，领主、侍从、农民共享着一种游戏文化，领主可能在一场狂野的足球对抗游戏中，被他的仆从打伤而毫无怨言。其他诸如宗教节日化装演员的巡游狂欢，夏日农闲的欢宴游戏，婚丧嫁娶仪式结束后在乡村小酒馆的豪饮玩乐，都会给生活在乡村的人们带来无尽的快乐。

英国自古就有隆重庆祝春、夏两季的节日，春天有5月1日的五朔节，夏天有6月24日的仲夏聚餐，人们在这些日子中走进旷野、山林彻夜狂欢，唱歌、跳舞、做游戏，这些节日中游戏是必不可少的内容。而被道德家讥讽为“魔鬼之屋”的乡村小酒馆，却是农村人喝酒、玩游戏的欢愉之地。中世纪英国富裕农民亚当·埃尔和威廉·霍尼韦尔流传下来的日记中都提到，他们下午或晚上时常来到酒馆玩滚木球和纸牌游戏。公元1500—1800年英格兰的相关文献证明，酒馆不仅是喝酒的场所，还是看斗鸡、打牌、下双子棋、玩九柱戏（保龄球）的地方❷。中世纪的英国，一年中各种宗教节日加起来超过了100天，其中很多重大宗教节日都是农闲时期，给乡村人群带来了世俗的欢乐，不仅有盛大的游行狂欢，领主家中也时常举行游戏派对，一首圣诞颂歌

---

❶H. S. 贝内特. 快乐的英格兰［J］. 龙秀清，译. 经济社会史评论，2006（10）.

❷转引自：郭华. 中世纪晚期英国农民休闲生活考察［J］. 北方论丛，2009（4）.

反映了这样的场景——

让我们尽情欢乐吧，
因为今天是圣诞节！

不要让人闯入大厅，
不论马夫、侍从还是总管，
但要他们带来一些娱乐！
因为今天是圣诞节！

如果他说不会唱歌，
那就让他表演运动游戏！
只要能使宴会欢乐无穷，
因为今天是圣诞节！❶

看来无论你是马夫、侍从还是其他身份，只要你能通过唱歌或者表演运动游戏给大家带来快乐，就是受欢迎的人。可见，运动游戏在英国城市、乡村都非常普及。

2. 宗教影响：身体的管控与放纵

中世纪的英国，被称为“骑士时代”“快乐时代”，但提及中世纪的欧洲时，我们通常会联想到另一个词汇：黑暗时代，称其“黑暗”的缘由，是因为封建等级制度的确立，以及基督教的精神管控。因此，基督教对体能游戏的限制打压与变相的参与推动，成为一个看似相互矛盾的特殊文化现象。

“身体是灵魂的监狱”“游戏与爱情是魔鬼的诱惑”，这是我们熟知的一些宗教观念，但这并不代表西欧中世纪各教派的全部观点，就算这样一些严苛限制放纵游戏的观点存在，在大众真实的世俗生活面前，也只是悬在头顶的抽象教条，对生活行为没有完全的约束力。事实上，游戏活动与基督教存在着千丝万缕

❶ Chambers. Early English Lyrics [M]. Sidgwick & Jackson, 1921: 232.

的联系，教会与教士也是游戏狂欢活动的参与者。

与西欧各国一样，英国的运动游戏与宗教节庆有着特殊关联，多数大型游戏活动都在宗教节日举办。比如，三王节的队列游行；圣约翰节（仲夏节）的篝火游戏；以及愚人节和狂欢节的游戏狂欢；忏悔节的足球比赛等。特别是愚人节和狂欢节的狂欢活动，不管演员化装队列游行、骑士盛装游行，还是粗野狂放的打球甚至打斗活动，都卷入了贵族、教士、官员、工匠、商人、农民等各阶层的人，不分阶层、年龄、性别形成了共享的狂欢文化。苏联学者巴赫金的“狂欢理论”，从阶级斗争的角度来解释了这个特殊的现象，他说发生在民间节庆广场上的这些狂欢活动，是一种指向未来的乌托邦文化，与中世纪严肃刻板的官方文化格格不入，埋藏了民众对上层社会的反抗因素。无论巴赫金的理论是不是终极解释，至少说明游戏狂欢活动本质上是一种来自大众的乡野民俗，与基督教的节庆仪式结合在一起，变成了奇特的混合物。从1303年一首《处罚罪孽》的诗歌中，可以看到教堂与游戏的紧密关系——

唱歌、摔跤和下流的游戏，
人人乐于这些让人蒙羞的把戏。
在教堂里，就在教堂的庭院里，
对于神灵也敢于亵渎；
他们唱个不止，跳个不停，
或者拼命地把手鼓敲得震翻天，
唯一忘记的是祷告，
即使神父就站在他们中间❶。

作为“魔鬼诱惑”的游戏活动，始终被正统教义看不顺眼，中世纪教皇、教会对游戏狂欢的批评与禁令不断，甚至细微到英国乡村的小酒馆娱乐都有禁令出台。1223年前后，普尔主教规定，婚礼应该办得庄重而体面，不应嬉笑取乐，不应去小酒馆或公共酒馆，或举办宴会。类似的教诲在以后几百年中没有间断。但实际上，教会和教士往往自己就是这些禁令的破坏者，包括忽视教皇关于禁止

❶转引自：H. S. 贝内特. 快乐的英格兰［J］. 龙秀清，译. 经济社会史评论，2006（10）.

神职人员参加骑士比武的训喻，高级教士也可能不管不顾地加入骑士比武活动之中。英国14世纪文学家乔叟（Geoffrey Chaucer，1343—1400）的代表作《坎特伯雷故事》中就生动刻画了一位不遵守教规、热爱打猎的传教士形象。另一个宗教与游戏的特殊联系，就是狂欢节活动的经费通常由教区的教会提供，这样做的目的是可以在宗教节日聚合大量民众，宣示教会的巨大号召力。到中世纪后期，教会甚至通过组织狂欢表演活动来募集资金，他们通过演出向教区居民收取费用。布莱特里的圣米歇尔教堂的几次演出的收支账目记载表明，1523年，教堂为了演出一共收集了6英镑11先令11.5便士，有3镑13先令7.5便士的结余；1525年结余3镑19先令9便士；1535年花费6镑13先令7.5便士，但结余已经达到了14镑17先令6.5便士，剩余下来的钱就变成了教堂的资金。

教会既批评又参与的矛盾混杂，体现了中世纪英国体能游戏被权利、社会、文化不断建构、塑造的过程，盎格鲁-撒克逊人超强的运动热情与冲动，在社会权利的规训与引导下，形成了内涵丰富的运动游戏文化，无论是骑士贵族的优雅，还是民众活动的狂放，其中都有文化铭刻的痕迹。

四、运动项目：古老又“现代”的游戏

古代英格兰开展了众多的运动项目，其中一些经典项目传承至今，演变成了现代体育项目，网球、羽毛球、足球、曲棍球、高尔夫球、板球等现代球类运动，都能在英格兰找到其古老的历史渊源。

1. 足球（football）

现代足球和橄榄球运动同根同源，其前身都是欧洲中世纪的一种足球游戏。在中世纪，法国、英国、意大利、德国等西欧国家都流行足球运动。英国足球游戏可能是1066年随着诺曼征服从法国传入，至少在诺曼征服之前，英国没有开展足球运动的记载。而在法国与英国隔海相望的诺曼底地区，在中世纪很长的时期都是英国的领地，这个地方就流行着一种叫Soule（苏勒球）的足球游戏。生活于16世纪中叶的古贝维尔老爷，是诺曼底一个庄园的主人，也是国

王的水流和森林的代理人，他在1549年至1562年13年的日记中，总共14次提到了足球游戏，详细记载了他参与苏勒球比赛的情形：这是一种非常激烈的对抗游戏，双方的参与人数超过了500人，可能分别代表两个地区或教区，比如1551年至1553年连续三年的圣莫尔节苏勒球赛，都是由他所在的瓦洛涅队与对手瑟堡队进行比赛。比赛场地也非常广阔，可能踢到几英里之外，他的仆从甚至不慎掉到了海里❶。

1852年诺曼底的一幅版画描绘了苏勒球比赛的场面，参赛的人员非常多，证明古贝维尔老爷的记录并非虚构，从场面看，除中间几个人在争夺足球外，其余人都在捉对厮打。

诺曼底地区流行的苏勒球，两队激烈争球，妇女在旁观看

英格兰本土的足球游戏与诺曼底非常相似，显然有着共同渊源，编年史等相关文献记载：比赛往往从早上持续到天黑，没有人数限制，身体触球部位也没有严格限制，唯一禁止的是不许谋杀。场地有时候绵延数公里，即使球掉进河里也不会终止。诺丁汉的一名牧师描述说："男孩们在比赛中带球，但不是用手扔，而是用脚踢……这种游戏很可恶，常常因意外事故而结束。"❷

因为足球对抗激烈，危险性太大，加上要提倡臣民练习射箭，针对足球游戏的禁令接二连三，1315年，伦敦市长尼古拉斯·德·法恩登（Nicholas de Farndone）颁布法令："由于追逐大球会在城市里产生很大噪音，导致很多上帝

❶ 转引自：唐运冠. 游戏与法国11—17世纪的社会演变［D］. 杭州：浙江大学，2013.

❷ 转引自：沃尔夫冈·贝林格. 运动通史［M］. 丁娜，译. 北京：北京大学出版社，2015：115-116.

防止的坏事发生，我们可以代表国王命令今后禁止在市内玩这种游戏，违者监禁。”中世纪一名英国作家评论说：“与其把足球称为游戏，不如把它看作是一场战斗，是一种流血的杀人练习！”❶

整个中世纪，英国官方颁发的足球禁令不下30道，直到亨利八世时还试图终止这项粗野的运动。然而，这项游戏充满乐趣，不仅屡禁不止，反而形成了忏悔节星期二举行足球比赛的传统。到中世纪后期，英国足球运动的流行程度似乎已经超过西欧了其他国家，忏悔节、复活节、城市守护神纪念日等节日，都有规模盛大的足球狂欢。这样一种冲撞激烈的足球游戏，为现代足球与橄榄球的孕育与发展埋下了伏笔。

2. 曲棍球（shinty）

曲棍球运动历史悠久，类似的活动方式在埃及、中国、印度、波斯等文明古国都有文献记载，大约以树枝或木棍打球状物，是人类自然而然形成的一种游戏体验。西方的曲棍球运动传统来自古代希腊，1922年在雅典海岸防波堤的遗迹发掘中，雕刻在坡壁上的一幅浮雕，刻画了曲棍球运动的场景：4人手持球棍在旁站立，中间两人埋头做争球动作，其动作形态与现代曲棍球的争球方式非常相似。

古代希腊的曲棍球运动被很多体育史学者认为是中世纪欧洲这项运动的源头

❶ 今村嘉雄. 欧美体育史［M］. 成都：成都体育学院科研科，1976.

英国的曲棍球运动，也可能是从欧洲大陆传入。现代曲棍球的通用词汇：Hockey ，就来自法语，意思是牧羊人的棍杖。同样是在中世纪英国属地的诺曼底地区，曲棍球非常流行，古贝维尔老爷日记中6次提到了曲棍球，一次说他自己从晚祷告后玩曲棍球一直到天黑，日记其他几处的记载表明，曲棍球同样是狂欢节、圣母节等宗教节日的游戏项目，按教区或者地区分组进行激烈对抗比赛。至于曲棍球是不是直接由诺曼底传入英国，则难有定论，因为不列颠群岛居民都是外来的欧洲大陆移民，他们也可能很早就把这项古老运动带到英国。在1838年英国正式使用Hockey这个词汇前，爱尔兰把这项运动称为“Hurley”，苏格兰则称为“Shinty”。

中世纪曲棍球的激烈程度不亚于同时期的足球比赛

曲棍球的比赛方式和足球一样激烈吵闹，通常分成两队争夺一个球，打球的时候泥土和赃物飞溅，也可能把球杆击打到对手的腿脚或者脸上，还经常打碎教堂的窗格，弄脏城市的墙体，所以苏格兰君主詹姆斯二世在15世纪中叶发布了著名的338号法令，禁止在爱丁堡和其他城市开展足球等没有益处的运动，提倡全民更多参与弓箭训练。但事实上，曲棍球最终在英伦三岛非常流行，流传至近现代，成为英联邦国家普遍开展的一个特色项目。

3. 高尔夫球（golf）

日本体育史学者今村嘉雄认为高尔夫球起源于荷兰，但现在更流行的观点认为起源于苏格兰。在中世纪的英国，苏格兰是高尔夫球运动开展的中心地区，以后逐渐将这项运动传播到了英格兰等其他地区。一幅反映中世纪高尔夫球题材的绘画，描绘了人们在苏格兰首府爱丁堡郊野开展高尔夫球的情形。

旷野打高尔夫球的背景，是爱丁堡标志性的城堡建筑

至15世纪，高尔夫球在苏格兰已经非常盛行，以至于王室不得不出面来禁止，这就是1457年苏格兰君主詹姆斯二世签署的议会法令，禁止在爱丁堡等城市开展高尔夫球运动。这是官方文件中首次提到“golf”，以后几代苏格兰君主依然在重申类似的禁令，目的是鼓励民众多去参加具有国防意义的射箭活动，不要沉沦于这些没有军事实战意义的游戏运动。然而，这些法令的威慑力并没有维持多久，王室成员本身就喜欢玩弄这种充满乐趣的运动。随着苏格兰与英格兰王室之间的通婚、交往，高尔夫球在英格兰贵族中间也流行起来，到1608年，英国国王詹姆斯一世在伦敦格林威治宫殿外的一处叫布莱克西斯的地方，开辟了高尔夫球场，这时高尔夫球的玩法已经接近“现代”。

4. 网球（tennis）

网球无疑是中世纪欧洲最为流行的第一大球类运动，在法国、德国、英国等西欧国家都有大量图文资料记载。大多数历史学者认为网球起源于法国，12世纪法国北部地区的传教士在教堂回廊里开展用手击球的游戏，后来这样一种球类运动被引入宫廷，成为王室贵族的消遣游戏。最初网球是以手作为球拍，把球从场地中央拉起的一条绳索分界线上丢来丢去，法语叫Tenez，意思是“注意”，是发球的一方在发球时对接发球的一方的喊话，意在提醒对手集中精力接球。后来，这种徒手击球的方式演变为带手套进行，公元1500年前后，开始使用球拍，通常为木质球拍，拍面绷上了尼龙线。

公元1300年前后，网球从法国传到英国，成为上流社会喜爱的一项运动。在英文中对老式网球有三种称谓：一是real tennis，字面意思是“真正的网球”；二是royal tennis，字面意思是“皇家的网球”；三是court tennis，字面意思是“宫廷的网球”；这三种称谓都是相对于现代网球而言的，将传统网球称为“真正的网球”；是为了表示传统网球区别于现代网球的正宗血统。称“皇家的网球”和“宫廷的网球”，都是为了显示传统网球开展的阶层特征，英王亨利二世（1547—1559年在位）、亨利八世（1509—1547年在位）均是有名的网球爱好者。到16世纪，英国传统网球比赛的场地、规则已经非常规范，20世纪20年代，在威斯敏斯特大厅发现了一个16世纪的网球实物，这可能是皇室成员进行网球运动时的用球，由皮革制成，里面填充着压实的狗毛，说明制球工艺已经比较成熟。而一幅反映网球题材的插画，则生动再现了中世纪网球比赛的场景。因为当时网球主要在教堂回廊或者宫廷内的大厅开展，所以网球多数时候是在室内进行。从插图看，网球场地有房顶，四周有墙壁，比赛中可以通过墙壁的反弹，把球弹到对手半场内。另外一点与现代比赛不同的地方，是两端墙壁筑有方洞，选手可以发挥自己娴熟的技术，精准控制球的落点，把球打入对手墙上洞内直接得分。

收藏于伦敦博物馆的这个网球实物，是中世纪英国网球运动流行的实物凭证

这幅插图生动再现了比赛时选手、观众的情态以及场地的设置

中世纪英国网球运动的规则、场地等各方面已经发展成形，这项运动充满了乐趣，运动者显得灵活而优雅，深得贵族阶层喜爱。莎士比亚就在他的戏剧作品中多次提到网球运动，在他1599年的剧作《亨利五世》第一幕第二景中，讲到了法国使节给亨利五世送来网球器械的故事，英法之间因为诺曼底等土地纠纷，法国王子给亨利王送来网球用具，意思是叫他享受生活，不要觊觎法兰西土地，亨利王借用网球反击说，他要和法兰西打一局，把整个法兰西当成网球场，着着进攻，要叫法国人坐立不安，随后，亨利五世即向法国宣战。可见网球在英国人休闲生活中的重要影响与社会能见度，这一切，都为现代网球运动的诞生做了历史的准备，而少数恪守传统的人，至今还在坚守着传统网球的老式打法。

5. 狩猎（hunting）

狩猎是英国中世纪的一项特色运动，历经几百年不衰，流传至今仍是英国上流社会重要的娱乐消遣方式。

公元1066年法国诺曼底公爵征服英国后，将诺曼人打猎的传统也带到了英国。最初，狩猎是王室的特权，王室森林中设置了皇家猎场，后来，这项特权逐渐授予了贵族和领主，他们可以在自己的森林或者保留地内狩猎。1086年英王威廉一世下令制作的书籍《末日审判书》，汇编了当时全国的土地赋税调查情况，其中记录的猎苑就有35个。猎苑一般建在野外林地，有河流和人工建造的堤坝与水池，为了与外界隔离、防止猎物外逃和偷猎，猎苑的边界一般建有土坝以及橡树桩制成的木栅，有的皇家猎苑还建有石墙。猎苑有专人负责维护和看管，在猎苑中地势最高的地方一般建有专用房屋即猎舍，猎舍的周围建有较浅的壕沟，以彰显猎苑的神秘感和贵族特征。猎舍外通常建有视野开阔的平台，既可以一览无遗地观赏猎苑景色，还可以居高临下地射杀猎物。伦敦的海德公园、圣詹姆士公园和摄政公园在历史上都是皇家的专用鹿苑，后来才改为公园，可见当年狩猎活动奢华的状况。

中世纪早期，主要的猎物是鹿和野猪，中世纪后期，因为狐狸泛滥，影响农作物收成，因此以猎狐为主。为了狩猎需要，贵族们要饲养专门的猎犬和马匹，猎犬擅长追踪搜捕猎物，穿着“英国红”衣装或者绿色猎装的贵族们，则要骑着训练有素的马匹奔驰追逐，策马跳越沟壑、灌木丛等障碍，否则猎物可能转瞬逃脱。所以，这是一项对射术与马术都要求很高的体能游戏。在英国的贵族文化传统中，把狩猎活动对人的培养教育意义看得很高，17世纪英国著名作家艾萨克·沃尔顿在他的作品《钓客清谈》中夸奖狩猎活动时说，打猎是王公贵族的游戏，在所有的时代都是被高度推崇的。年轻贵族在成长时期，通过参加打猎这样刚勇的练习，锻炼了自己。沃尔顿认为没有什么比捕猎野猪、雄鹿、羊、狐狸或者野兔更能培养男性气概，狩猎对于保持健康、增加力量和活力非常有益。

狩猎成为英国具有悠久历史的一项贵族运动

为了保证自己独享围猎的乐趣，领主禁止农民偷猎。当时颁发了很多规定与惩罚措施，法律也禁止普通平民私藏猎狗或狩猎工具，特别是对擅入王室森林区的偷猎者施行严厉惩罚，但也许是狩猎的乐趣太大，也可能是猎物太诱人，中世纪偷猎是最普遍的一项违法行为，乡村农民很多热衷于闯入禁区狩猎捕鸟，也变相打破了贵族对这项运动的独占局面。

6. 祺牌（primero）

在中世纪欧洲，棋牌游戏也是骑士教育的一个组成部分，他们在城堡陪贵族夫人、小姐下棋、玩牌是必修功课，而平民百姓在乡村小酒馆玩纸牌也不亦乐乎，所以，英国中世纪与欧洲其他国家一样，也流行国际象棋、西洋双陆棋、纸牌游戏。

国际象棋起源于古代印度一种叫作“恰图兰加”（Chaturaji）的棋戏，中世纪时经阿拉伯人之手传入欧洲后发生了重要改变，例如在棋子这一方面，恰图兰加棋有车、马、象、兵 4种棋子，分别象征印度古代军队车、马、象、兵 4个兵种，传到欧洲后增加了王和后这两种棋子，使棋子种类增加至6种，象的形象亦为主教取代，马变成了骑士。再如在确定胜负的方式方面，恰图兰加以先吃掉对方全部棋子为胜，欧洲人则以将死对方的王为胜。

西洋双陆棋亦称十五子棋，由两人对弈，棋盘分为4个部分，每部分一般用黑色和白色交替标出6个楔形的狭长区域（又称为小据点），一条垂直线（称作边界）把棋盘分成内区和外区，双方各使用15枚棋子，根据其所投骰子（骰子的数量为2枚或者3枚）上显示的点数，从各自的内区（亦称本区）沿相反方向从一个据点向另一个据点移动自己的棋子。双陆棋的棋子一般为扁平状的圆柱体，雕刻有图像。

国际象棋与双陆棋都为英国上流社会所喜爱，14世纪英国文学家乔叟的代表作《坎特伯雷故事》中有一部《平民地主的故事》，主要讲述的是骑士阿维拉古斯和他的妻子道丽甘的爱情故事。故事讲到阿维拉古斯征战在外，独守在城堡日夜思念夫君的道丽甘，为排解忧愁，就常常以下棋和玩十五子游戏消磨时间。

中世纪欧洲各国的纸牌游戏多种多样，英国最流行的是普里麦罗牌

（primero）。普里麦罗牌一般由4人一起玩，使用4个花色的A、2、3、4、5、6、7、J、Q、K共40张牌，根据手中所有的牌的大小、组合方式及点数综合确定胜负。

玩普里麦罗牌的4位英国贵族，再现了中世纪纸牌游戏的场景

英国中世纪还有很多运动游戏，比如板球，在13世纪时起源于英格兰，到14世纪时就具备了近代竞技的形式，最终成为英国的国球。可见，作为运动王国的英国，在历史上有着深厚的游戏传统，最终积淀成为现代体育勃发的中心与国际游戏场。

2

第二章

工业时代：现代体育的形成与发展

（18世纪下半叶—第二次世界大战前）

从18世纪初开始至第一次世界大战，英国进入了社会长期相对稳定、经济持续发展的时期。尤其是18世纪下半叶开始，英国发生了工业革命，成为率先跨入工业时代的世界强国。而体育运动也经历了“工业化”的改造，几乎所有运动项目都用新的现代规则进行重新设计，比如1838年拳击的《伦敦职业拳击规则》，1848年足球的《剑桥规则》等。这些全国通行的项目规则，把一个个古老粗野的运动游戏变得文明。现代体育项目仿佛工业流水线上生产出来的标准件，文本化的竞赛规则、标准化的比赛场地、专业化的裁判仲裁、国际化的协会组织等程序规范，确立了体育运动开展的现代机制，并依靠英国工业经济对外扩张的压倒性优势把现代体育模式推向了全球。

从18世纪至20世纪初，在人口增长、经济繁荣、工业化、城市化、铁路建设、技术进步、报纸兴起、公学改革、社会结构变革（贵族阶层的衰落、中产阶级的兴起、工人阶级的壮大）等多种历史动力的共同作用之下，英国体育的发展生机勃勃，尤其是形成了一部分现代竞技运动项目，例如赛马、赛艇、拳击、英式足球、英式橄榄球、现代网球、板球等，英式足球和英式橄榄球的职业联赛于19世纪末兴起，走上商业化发展的历史道路，公学体育蓬勃开展，成为英国体育的一道独特的风景。

北上（Going North），乔治·厄尔绘于1893年（英国国家铁路博物馆藏）

南下（Coming South），乔治·厄尔绘于1895年（英国国家铁路博物馆藏）

19世纪后期英国铁路网的建设对于体育的发展具有重大的推动作用。以上两幅由英国画家乔治·厄尔（George Earl，1824—1908）绘制的油画，体现的是伦敦的中产阶级人士在国王十字火车站（King's Cross Station）汇合，携带球拍、球杆、渔网、猎犬，准备乘坐火车前往苏格兰度假，享受高尔夫球、网球、垂钓和打猎，以及假期结束之后从苏格兰乘坐火车返回伦敦的悠闲生活。

一、运动项目的现代化改造

大致从18世纪末开始，赛马、射箭、拳击等逐渐演变为具有现代体育特征的竞技运动项目。

1.赛马

早在罗马占领时期（公元43—409年），英国就已经开展有赛马运动。中世纪的赛马和马匹的买卖有一定关系，骑手骑着供销售的马匹参加赛马，向买主展示马匹的速度。

12世纪，狮心王理查一世（Richard Ⅰ，1189—1199年在位）统治时期为赛马颁发了最早有史可查的奖金，亨利八世（Henry Ⅷ，1509—1547年在位）从意大利和西班牙引进马匹，并在几处建立了种马场，17世纪初，詹姆士一世（James Ⅰ，1603—1625年在位）发起了赛马大会。

查理二世（Charles Ⅱ，1660—1685年在位）被誉为“英格兰赛马之父”，他发起了国王杯赛，这是有组织的赛马在英国的开端。这位超级赛马迷还为国王杯赛撰写文章，英国历史上最早的赛马规则就是在这些文章之中形成的。在他的赞助下，位于伦敦以北约105公里的纽马基特（Newmarket）被指定为英格兰的赛马中心。1809年和1814年，在纽马基特先后创办了著名的2000几尼赛（2000 Guineas Stakes）和1000几尼赛（1000 Guineas Stakes）这两项著名的赛事。19世纪之后，这里是全世界赛马活动的心脏和纯种马的交易中心。

纽马基特赛马场的大看台（摄于2014年）

英国纯种马和赛马骑师

乔治·斯塔布斯（George Stubbs，1724—1806），作于1761—1762年

18世纪中期之后，现代赛马逐渐形成于英国，这主要表现在如下几个方面。

第一，1727年，纽马基特的赛志保管员约翰·切尼（John Cheny）开始出版《切尼的马赛》一书。这本书把赛志汇集起来，年复一年地以不同的名称出版，1773年后以《赛马记事录》（*Racing Calender*）的固定名称继续出版。

第二，1750年左右，纽马基特成立了Jockey Club（汉语一般译为“赛马总会”），虽然当时这个组织并不具备统管全国赛马的能力，但英国后来的全国性赛马管理机构是由Jockey Club发展而来的，并且沿用了Jockey Club的名称。

第三，18世纪后期创办了三项著名的赛事，即1776年在约克郡唐克斯特（Doncaster）创办的圣莱杰赛（St Leger Stakes）、1779年创办的欧克斯赛（The Oaks）和1780年创办的德比赛（The Derby）。后两项赛事的赛址都是在伦敦之南约22公里的埃普瑟姆（Epsom）。这三项赛事与纽马基特的2000几尼赛和1000几尼赛在每年至4月末或5月初至9月初依次进行，被誉为英国的五项“经典马赛”。

现藏于耶鲁大学英国绘画研究中心的反映纽马基特赛马的四联画，作者詹姆士·波拉德（James Pollard，1792—1867）作于1821年，这套四联画分别体现的是参加纽马基特赛马的骑师和马匹注册参赛、观众赶往赛场、骑师和马匹前往赛场和比赛的场面

18世纪之前，赛马主要是上层社会的娱乐，19世纪后期，在城市化、工人阶级壮大、收入增长、电报的应用、铁路的建设、报纸的发展等历史动力的联合作用之下，赛马成为一种各阶层共同享有的观赏性娱乐，风靡全英，一百多年来一直长盛不衰，被称为英国真正的“全民娱乐”。

德比赛马日（Derby Day）

威廉·弗思（William Powell Frith，1819—1909），作于1856—1858年

图片说明：《德比赛马日》是维多利亚时代著名画家威廉·弗思的代表作之一。这幅巨幅油画作品以埃普瑟姆赛马场为背景，生动刻画了在德比赛马日前往观赛的维多利亚时代英国人的众生相。

著名作家亨利·詹姆斯（Henry James，1843—1916）的《英国风情》（English Hours，1905）之中为人们留下了一篇极为精彩的德比马赛观光记。以下摘录其中的一些片段，透过这些记录和评论，我们能够对19世纪末的英国赛马有直观的了解和深刻的感受：

> 他们彼此意见分歧很大，但有一些东西对人人都可以说。就第一点而言，似乎大家一致同意：一个外邦人要是错过德比赛马日那可是一大憾事。人人都向我保证，说这可是英国人的盛大节日。而且一个人看不见他们过这个节，就等于没有真正了解他们。
>
> 埃普瑟姆的跑马场……就像没有山的一个火山口。外面的边缘正好就是马道；中间的空地是一片辽阔的、浅浅的草盆，里面停着车辆，拴着牲口，里面聚集着大部分人群——有江湖骗子，有赌徒，有各色各样

凑热闹的人。

赛马和骑手先沿着跑道溜到起点上，看上去像洒下来的阳光一样虚无缥缈。然后就是长时间的等待，在此期间，在场的六万人中（这是我想象的数字），三万人断然宣称比赛已经开始，另外三万人则坚决否认。随后，六万人由于看见十二个骑手的小脑袋沿着遥远的天际线飕飕地飞驰，意见便突然达成了一致，说时迟，那时快，整个情景就展现在你的面前，有一刹那功夫，那种景象怎么说都可以，但绝对谈不上美。十二条胳膊疯狂地挥舞——绿的、白的、橘红的、大红的、粉红的——猛击着同样数量的拼命奔跑的坐骑的腹侧；刚瞟了一眼，壮观的场面就过去了。这种场面，当然是埃普瑟姆的目标和德比赛马的兴趣中的一个微不足道的部分。更使人心旌摇曳也许在于这件事上有钱可赚。

即便是一个情趣极为高雅的外邦人也乐意瞟一眼这种大众狂欢的景象，因为这使他感到他在进一步了解关于英国人民的东西。昔日有快乐的英格兰之说，它就给这一说法提供了一层含义，这也提醒外邦人：这个国家的国民易受一些轻松的人类冲动的驱使，而伦敦住宅区街道上的那种体面昏暗的景象……并不是树立这些景象的这个复杂种族的一个全面的象征。

2. 射箭

早在中世纪，由于战争需要，射箭就已成为英国的一项主要的军事体育项目。很多民众被训练为弓箭手，多数英格兰君主本人也是弓箭手。从13世纪起的一段时间内，英格兰的君主曾数次下令禁止其他体育运动如滚木球、高尔夫球和足球，以确保有足够的民众练习射箭。

16至17世纪，英国皇室组织成立了射箭组织。1537年，亨利八世组织成立了乔治兄弟会（Fraternity of St George），其成员使用长弓和弩弓在位于伦敦城外的芬斯伯利（Finsbury）的训练场练习射箭并举行比赛。后来，在乔治兄弟会的基础上成立了名叫“芬斯伯利弓箭手”（Finsbury Archers）的组织。1676年，苏格兰的皇室警卫人员在爱丁堡成立了皇家弓箭手连（Royal Company of Archers）。

英国和荷兰等是中世纪和文艺复兴时期射箭开展得最好的欧洲国家。17世纪

身穿华丽服装的贵族射箭手（18世纪）

末，《鲁宾逊漂流记》的作者笛福曾在一篇文章中自豪地谈到历史上射箭在英国的开展状况：

> 当我们的武器是长弓的时候，就某种程度来说，我们英国民族用弓的本领可以说是独步世界，连最普通的乡间小民都是高明的射手，人们在太平年月的游戏中就具备了极好的入伍资格，而这种游戏还产生了一个好结果，那就是当征集起一支军队以后，兵士不需训练就能作战；为了鼓励人民参加这种对国家如此有利的锻炼，国会曾通过法案规定每个教区都要维持若干射靶场，以供乡间青年练习射箭。

随着火器的发明和使用，弓箭作为一种兵器逐渐被火器取代。在这一背景下，18世纪中期，不再具备军事功能的射箭逐渐作为一种体育运动和消遣方式在英国一些地方开展起来。

1781年，古物收藏家阿什顿·利弗（Ashton Lever，1729—1788）发起成立了射箭爱好者协会（Toxophilite Society），最后一批芬斯伯利弓箭手加入了协会。数年后，威尔士王子（即后来的乔治四世）成为协会的赞助人，其名称亦更名为“皇家射箭爱好者协会”。该协会确立了91米（100码）、73米（80码）和55米（60码）的“王子射程”和相应的“王子计算法”。在“皇家射箭爱好者协会”的影响下，英国各地纷纷效仿，不少射箭组织纷纷成立，各组织之间时常进行比赛。这些组织多数具有封闭性，其成员通常是贵族和乡绅，在专门的场所聚会和比赛，场面奢华铺张。对于他们来说，射箭不仅仅是一种体育活动，也是彰显其社会地位和进行社交活动的方式。

19世纪之后，射箭逐渐转变为主要由中产阶级参与的运动项目，不少女性也参与其中。在中产阶级参与的推动下，射箭运动在英国得到进一步的发展，成为中产阶级提倡的健康生活的一部分。

英国皇家射箭组织的比赛活动（1823年）

1843年，首届全国大射箭比赛（Grand National Archery Meeting）按照“王子射程”在约克郡的卡纳维斯麦尔（Knavesmire）举行。1861年，全国大射箭协会（Grand National Archery Society）在利物浦成立。该协会后来成为英国全国性的射箭运动管理组织，它依据“王子射程”制定的“约克规则”（York Round）成为英国射箭比赛的通行规则。律师出身的著名射箭运动员霍勒斯·福特（Horace A. Ford，1822—1880）在1849年至1859年连获11届全国大射箭比赛冠军，改进了射箭技术，推动了射箭的标准化。他撰写的《射箭：理论和技术》（Archery：its theory and practice）于1856年出版并多次再版，读者甚多，对射箭的普及和发展做出了突出的贡献。

1900年，射箭作为比赛项目出现在巴黎奥运会的赛场上。

3. 拳击

在18世纪初的英国，拳击比赛是一种赤手空拳的格斗，没有统一规则，动作野蛮粗野，非常暴力，甚至允许在对方倒地后继续向其攻击，有时会发生拳击手的伤亡事故，往往和摔跤、击剑、持木棒或铁棍格斗相提并论，被视为一种比武的方式。

詹姆士·菲格（James Figg，1683—1734）是公认的英国历史上第一位拳击冠军。菲格不仅拳法高超，还擅长摔跤、击剑和持棍格斗，有人称他为“现代拳击之父”。

1743年，为规范比赛，降低暴力程度，菲格的弟子之一、著名的拳击手杰克·布劳顿（Jack Broughton）推出一套包括7条内容的规则，规定比赛应有裁判人员；一方被击倒时一回合便告终止；如果被击倒的拳击手过了30秒还不能继续比赛，这场比赛便结束；不允许攻击已经倒地的对手；不允许抓抱对方腰以下的部位等。虽然有不完善之处，但这套规则向着拳击运动的文明化走出了坚实的一步，是拳击发展史上的一座里程碑。

18世纪英国著名拳击手詹姆士·菲格和杰克·布劳顿

1788年在埃塞克斯举办的一场拳击赛

由于得到国王和一些贵族的支持和部分民众的喜爱，这种赤手空拳的拳击在英国非常流行，比赛经常举办，出现了一大批职业拳击手，一些拳击手还开设了拳击学校。1824年，一位体育记者按照体重、力量、技术、耐力等方面的素质对80名拳击手进行排名，发布了一份排行榜，得到后来成为英国国王乔治四世的乔治·奥古斯塔斯·弗雷德里克（George Augustus Frederick，1762—1830，1820—1830在位）赞助的汤姆·约翰逊（Tom Johnson，约1750—1797）因其力量、技巧、冷静和判断力的优势排在榜首。1821年7月19日，乔治四世在威斯敏斯特教堂举行加冕仪式，有“拳击皇帝”之称的著名拳击手约翰·杰克逊（John Jackson，1769—1845）担任护卫，保护国王的安全，这在当时被看作是拳击手的极大荣誉。

19世纪30年代，拳击运动因暴力和其引发的社会治安问题等因素遭受社会舆论的谴责和地方政府的禁止。为解决这些问题，1838年采用了继布劳顿规则之后制定的一套新规则——伦敦职业拳击规则（London Prize Ring Rules）。这套规则在布劳顿规则的基础上制定，共有29条内容，进一步降低了拳击的野蛮和暴力程度，规定比赛在一个用绳子围住的24英尺见方的台上进行，踢人、以拇指击眼部、用头撞人、用牙咬人、击打对方腰带以下部分的动作，都被明确规定是犯规。

1865年，威尔士运动家约翰·格雷厄姆·钱伯斯（John Graham Chambers，1843—1883）起草了一套拳击规则。1867年，这套具有划时代意义的规则以拳击爱好者、苏格兰贵族、第九世昆斯伯里侯爵（John Sholto Douglas，1844—1900）的名义命名为“昆斯伯里侯爵规则”（Marquess of Queensberry Rules），由“业余体育俱乐部”（Amateur Athletic Club）正式发布，取代了1853年修订的伦敦职业拳击规则。“昆斯伯里侯爵规则”共有12条内容，规定一回合的比赛为3分钟，两个回合之间有1分钟的休息时间，禁止摔、抱对手，不允许穿带有尖钉的鞋比赛等。尤其重

拳击爱好者、苏格兰贵族、第九世昆斯伯里侯爵

要的是，“昆斯伯里侯爵规则”明文规定比赛需要使用大小适中的拳击手套。后来随着该规则在拳击比赛中被广泛采用，拳击运动告别了赤手空拳的野蛮时代，也使得拳击运动更注重技巧和战术，文明程度大为增强，观赏性也得到了提高。

在伦敦职业拳击规则下最后参加比赛的名将是美国冠军沙利文（John Lawrence Sullivan，1858—1918）。在昆斯伯里侯爵规则下获得世界冠军的第一个人是科贝特（James John Corbett，1866—1933），他于1892年战胜了沙利文。沙利文之后，世界拳击运动的中心由英国转移至了美国。

4. 足球

现代足球形成于19世纪的英国。英国人成立了世界上第一个现代足球的协会组织，制定了现代足球的通行规则，创办了世界上第一个全国性的足球比赛即“足总杯”赛（FA Cup，创办于1871年并举办至今）和职业足球联赛（English Football League，创办于1888年，后来发展为英超联赛）。虽然几十年以来英格兰队在世界杯和欧洲杯比赛上战绩不佳，但至今英国足球的综合实力仍然排在世界前列，代表职业足球最高水平的英超联赛是具有世界影响力的联赛之一。

在中国，football通常被理解为“足球”。事实上，当代汉语中的“足球”和英语中的football既有一定的联系，也有很大的差别。根据权威的英语词典的解释，football一词大概在15世纪出现在英语中，泛指任何通过踢球进行娱乐、比赛的玩耍和游戏，其活动形式多种多样，有的活动方式只允许用脚踢，有的允许手脚并用，有的是有明确规则的比赛，有的只是没有规则地玩耍，各种方式的参与人数也有多有少，但都统称为football。在英国历史上，存在相当多版本的football——作为一种民俗活动，有的至今仍在开展。19世纪以来，世界各国逐渐出现了一些具有成熟规则的football，其中开展范围较广的有现代足球、英式橄榄球、美式橄榄球、澳大利亚规则足球、盖尔人足球等。由于协会足球和美式橄榄球的流行程度和影响范围更高，当代英语中football有时也用来特指这两项“足球”运动形式。

英国历史上颇具代表性的民俗“足球”是在英格兰德比郡的小镇阿什比举办的“忏悔星期二”（Shrove Tuesday）足球赛。忏悔星期二是基督教的一个传统节日，是人们坦白罪过、净化灵魂、请求上帝宽恕的日子。同时，忏悔星期二也是庆祝的日子，世界上不少信奉基督教的地方都会以不同的方式庆祝忏悔星期二。

2011年2月，英格兰德比郡阿什比举行的忏悔星期二足球赛的开球仪式

阿什比的“忏悔星期二”（Shrove Tuesday）足球赛一般在每年年初的寒冷季节举行，有数百年的历史，据说最早的比赛是12世纪举办的，目前已知最早有文字记录的比赛是在1683年进行的。这是一种无规则、无人数限制、水陆两栖、场面混乱而热烈的“足球”。虽然像现代足球一样，比赛也分成两队——住在穿镇而过的小溪北面的人组成“上坡队”，住在小溪南面的人组成“下坡队”，但是，每个队的人数却比现代足球上场比赛的人数多得多，一般有数百人，甚至数千人，只要身体允许，全镇的人都可以参加，两队的人数可以不相同。

比赛开始的时候先进行开球仪式。随着由当地德高望重的人士在一个高台上将球抛向人群，比赛就正式开始了。然后，人们像疯了一样向球涌去。当球被抛入镇上的小溪，总会有人不顾寒冷纷纷跳入水中争抢。比赛的球场没有边界，所谓的球门其实就是两个石柱，每支队各一个，相距3英里。此外，虽然叫做足球赛，但既可以用脚踢球，队员之间也相互用手传递，凭着力量、勇气、毅力向前推进，直至将球在柱子上连撞三下，才算得分。比赛从当天下午两点持续到晚上十点。如果一方在晚上六点前将球踢入对方球门，则开始新的比赛，如在晚上六点后踢入，则当天比赛结束，第二天继续进行。

从19世纪50年代起，随着英国社会足球和学校足球的发展，民间和学校的各种足球队经常进行比赛，但是当时英国并没有统一的足球规则，这为比赛的正常举行带来诸多不便，特别是各个公学的学生升入大学后，他们在各自中学时遵循不同的规则，使他们一起踢球时难免出现争议。

1848年是足球运动历史上关键的一年，剑桥来自5所中学的公学学生讨论出了一套统一的规则。这次剑桥学生的集会从下午4点一直持续到午夜时分，期间因为观点不一致发生了激烈的争论，焦点是关于控球和侵人犯规的问题，最终确定了几点核心意见：规定不能抱着球跑，手打球进门无效，同时只能踢球不能踢人。这就是著名的“剑桥规则”，它使中世纪流传下来的足球运动，在一道“分水岭”的区隔下向现代足球方向发展。

剑桥规则当时并没有形成书面材料，到1862年才由参加了这次集会的伊顿公学学生查尔斯·思林（Charles Thring）写成了文字，他在《最简单的游戏》一书中罗列了10条足球规则，共250个单词。其中第一条规定射门只能用脚，用手打进无效。第二条规定不能拿着球跑，只能用手停球和摆放定位球。第三条规定“出脚只能对准球”。这些关键环节的规则，使现代足球的踢法有了雏形。但对上场人数还没有明确规定，在19世纪50年代，往往由双方队长商定，一般12、15甚至20人不等，到60年代就固定为11人。

为了进一步制定一套统一的足球比赛规则，1863年10月26日，伦敦一些足球俱乐部和学校的足球队的代表在位于伦敦市中心的皇后街的共济会客栈举行会议进行商讨。参加这次会议的九家足球俱乐部和两所学校联合起来，成立了一个叫做“足球协会”（Football Association）的组织，也就是后来的英国足球协会。这标志着现代足球的产生。

在1863年10月26日至12月8日期间，足球协会先后举行了6次会议，经过多次激烈的讨论和争执，最终通过了一套包括14条规定的足球规则，这是现代足球的第一套通行规则。

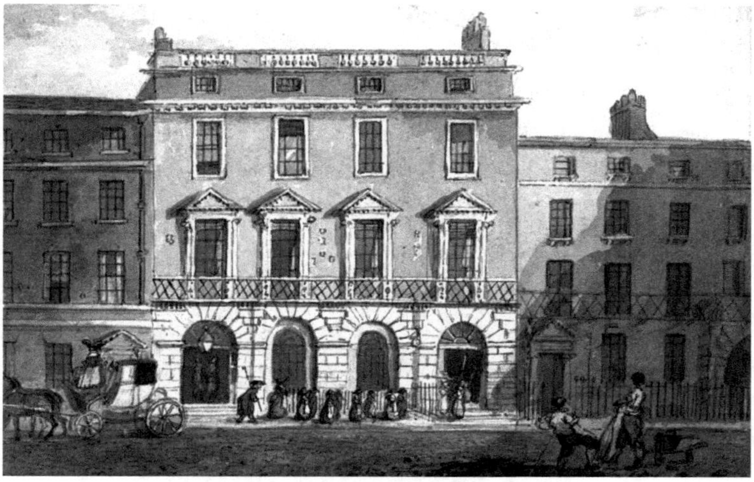

位于伦敦市中心皇后街的共济会客栈——
1863年10月26日，英国足球协会在此成立，标志着现代足球的形成

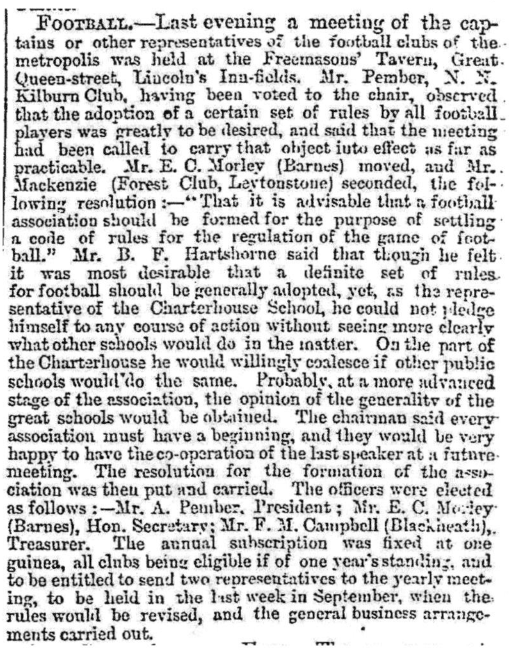

FOOTBALL.—Last evening a meeting of the captains or other representatives of the football clubs of the metropolis was held at the Freemasons' Tavern, Great Queen-street, Lincoln's Inn-fields. Mr. Pember, N. N. Kilburn Club, having been voted to the chair, observed that the adoption of a certain set of rules by all football players was greatly to be desired, and said that the meeting had been called to carry that object into effect as far as practicable. Mr. E. C. Morley (Barnes) moved, and Mr. Mackenzie (Forest Club, Leytonstone) seconded, the following resolution :—"That it is advisable that a football association should be formed for the purpose of settling a code of rules for the regulation of the game of football." Mr. B. F. Hartshorne said that though he felt it was most desirable that a definite set of rules for football should be generally adopted, yet, as the representative of the Charterhouse School, he could not pledge himself to any course of action without seeing more clearly what other schools would do in the matter. On the part of the Charterhouse he would willingly coalesce if other public schools would do the same. Probably, at a more advanced stage of the association, the opinion of the generality of the great schools would be obtained. The chairman said every association must have a beginning, and they would be very happy to have the co-operation of the last speaker at a future meeting. The resolution for the formation of the association was then put and carried. The officers were elected as follows :—Mr. A. Pember, President ; Mr. E. C. Morley (Barnes), Hon. Secretary; Mr. F. M. Campbell (Blackheath), Treasurer. The annual subscription was fixed at one guinea, all clubs being eligible if of one year's standing, and to be entitled to send two representatives to the yearly meeting, to be held in the last week in September, when the rules would be revised, and the general business arrangements carried out.

《泰晤士报》关于足球协会成立的报道（1863年10月27日第3版）

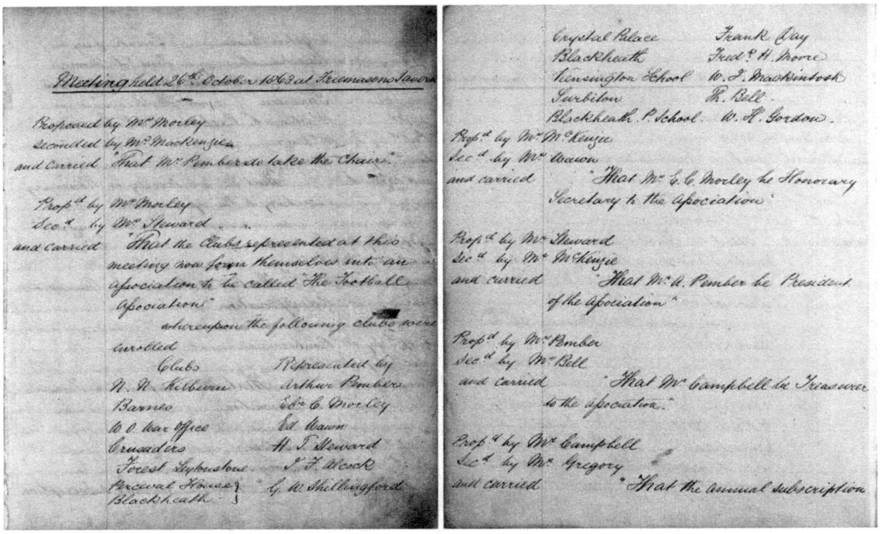

Meeting held 26th October 1863 at Freemasons Tavern

Proposed by Mr Morley
Seconded by Mr Mackenzie
and Carried "That Mr Pember do take the Chair"

Propd by Mr Morley
Secd by Mr Steward
and Carried "That the Clubs represented at this meeting now form themselves into an Association to be called "The Football Association"
whereupon the following clubs were enrolled

Clubs	Represented by
N. N. Kilburn	Arthur Pember
Barnes	Ebc C. Morley
W. O. War Office	Ed Wawn
Crusaders	H. T. Steward
Forest Leytonstone	J. F. Alcock
Perceval House Blackheath	G. W. Shillingford
Crystal Palace	Frank Day
Blackheath	Fredk H. Moore
Kensington School	W. J. Mackintosh
Surbiton	R. Bell
Blackheath P. School	W. H. Gordon

Propd by Mr McKenzie
Secd by Mr Wawn
and carried "That Mr E. C. Morley be Honorary Secretary to the Association"

Propd by Mr Steward
Secd by Mr McKenzie
and carried "That Mr A. Pember be President of the Association"

Propd by Mr Pember
Secd by Mr Bell
and carried "That Mr Campbell be Treasurer to the Association"

Propd by Mr Campbell
Secd by Mr Gregory
and carried "That the annual subscription

1863年10月26日英国足球协会成立会议的备忘录

（英国国家足球博物馆收藏）

不过，一直到19世纪70年代初，足球协会的影响力十分有限，会员的数量不多，没有几家球队采用它制定的规则，以至于没有多少作为的足球协会甚至一度面临解散的尴尬境地。

英国足总杯比赛的创办改变了足球协会的窘境。1871年7月20日，在足球协会的一次会议上，担任足球协会秘书的查尔斯·阿尔科克提议举办有多个球队参加的实行淘汰赛制的比赛，以提升足球协会的影响力和壮大规模，吸引更多的俱乐部球队加入协会。阿尔科克的提议得到了通过。三个月后，足球协会制定了比赛的规程。经过5轮比赛，1872年3月16日，流浪者队在决赛中以1：0战胜皇家工程师队，取得了首届比赛的冠军。这项比赛后来被称为“足总杯”并一直举办至今，使得足球协会终于站稳了脚跟，并使得现代足球得到了持续、稳固的发展。

获得首届足总杯比赛亚军的皇家工程师队（摄于1872年）

19世纪80年代，英国的职业足球得到快速发展。1888年3月，位于伯明翰的阿斯顿维拉足球俱乐部的经理威廉·麦格雷戈（William McGregor，1846—1911）向几家实力强劲的职业俱乐部提议，成立职业足球俱乐部的联合组织。麦格雷戈的提议得到了积极回应。1888年4月，在英国北部的重要工业城市曼彻斯特，包括阿斯顿维拉职业足球俱乐部在内的12家职业足球俱乐部组成了“足球联盟”（Football League）。根据协议，当年9月，在这些俱乐部之间开始举行按照主客场制进行的联赛，这是英国历史上最早的职业足球联赛，后来的英国甲级足球联赛和“英超”联赛都是在此基础上逐渐发展而来的。普雷斯顿队（Preston North End）获得了首届联赛的冠军。

1896至1910年间足总杯比赛使用的冠军奖杯

历史上最早使用的足总杯奖杯被窃贼盗走，早已不见踪迹。

该奖杯系根据被盗的奖杯制作，是现存最早的足总杯冠军奖杯。

（英国国家足球博物馆藏）

阿斯顿维拉足球俱乐部经理威廉·麦格雷戈

1888年，在他的提议下，“足球联盟”和英格兰足球联赛先后成立和举办

首届足球联赛冠军得主普雷斯顿队

该队获得了1888—1889赛季的足总杯冠军，是英国历史上首个双料冠军

位于伦敦市北部的温布利大球场是现代足球在英国发展历程中的另一座里程碑。这座造价75万英镑的体育场是为迎接1924—1925年在伦敦举办的大英帝国博览会而建设的，由英王乔治五世奠基，原名“大英帝国博览会体育场”，又被称为“帝国球场”。温布利大球场正门前有一对白塔，被称为“温布利双塔”，是该体育场的标志。

1923年4月28日，在新落成的温布利大球场举行了足总杯决赛。这是温布利承办的第一场比赛。这场比赛事先没有发售门票，球迷只需要在入口处付钱即可进入球场看球。温布利大球场的设计容量为12.5万人，但是当天进入球场的观众数量大大超过了这个数字——究竟有多少球迷进入球场，没有精确统计，有的说法估计有20余万人，有的甚至认为超过30万人。由于现场人数过多，比赛开始之前，许多球迷甚至都被挤到了场内，导致比赛迟迟无法开球。骑警们来到场中央，艰难地在人群中进行疏导，比赛得以顺利进行。其中骑警乔治·斯科雷（George Scorey）骑着他的白马“比利”在人群中缓缓穿梭把观众驱赶上看台的镜头，成了人们对那场比赛最深刻的记忆，甚至超过了比赛本身，因此这场足总杯决赛史称“白马决赛”。最终博尔顿流浪者队以2：0击败西汉姆联队夺得冠军。英王乔治六世亲临赛场，颁发奖杯。

这座位于伦敦的足球场被公认为是世界上最伟大的球场之一，既长期作为英格兰国家队的主场，同时也承办英格兰国内各项比赛的决赛。1966年世界杯和1996年欧锦赛的决赛都是在温布利大球场举行的，球迷们在这里分别见证了英格兰队和德国队夺冠的辉煌时刻。温布利大球场还举办了1948年伦敦奥运会的比赛，五届欧洲冠军杯足球赛的决赛，以及很多届英国足总杯决赛。球王贝利曾说，“温布利是足球的大教堂，足球的首都和心脏”。2002年，温布利大球场被拆除。2007年，在其原址上修建的新温布利球场落成使用。

1923年4月28日，英国足总杯决赛在新落成的温布利大球场举行

（《泰晤士报》1923年4月30日第16版刊发的航拍照片）

1923年4月28日，大批观众涌入温布利大球场，观看英国足总杯决赛
骑警们来到球场中央，艰难地在人群中进行疏导，才使比赛得以顺利进行

5. 赛艇

赛艇运动是用浆推动艇前进的运动，主要在内陆河流和湖泊中进行比赛，包括用双手抓住单桨操作艇前进的比赛（rowing）和双手各抓一只桨操作艇前进的比赛（sculling）。

赛艇由作为一种运输和交通方式的划船演变而来。早在13世纪，在英国泰晤士河上就有小船和驳船航行，后来有船工在流经伦敦的泰晤士河上往返载客。到18世纪初期，已有4万多名穿制服的船工。

1715年，在伦敦的泰晤士河段举办了由船工参加的名叫“多各特上衣和徽章赛”（Doggtt's Coat and Badge）划船比赛。多各特（Thomas Doggett，1640—1721）是一位戏剧演员和剧场经理，经常乘坐摆渡船只往返于位于伦敦城内的剧场和他位于切尔西的住所之间。根据传说，有一天他不慎落入泰晤士河，幸而被船工救起。为感谢船工的救命之

“多各特上衣和徽章赛”的获胜者

恩，他出资创办了这项划船比赛并以橙色的上衣和银质的徽章为奖品，因此该比赛被称为“多各特上衣和徽章赛”。这项比赛从1715年起每年举行一次，被认为是英国最早的赛艇比赛。

后来，赛艇比赛逐渐在英国流行起来，其中著名的赛事有牛津大学和剑桥大学之间的对抗赛（Boat Race）以及亨利皇家赛艇比赛（Henley Royal Regatta）等。牛津大学和剑桥大学之间的赛艇对抗赛1829年首次举行，1859年起每年举行。亨利皇家赛艇比赛（Henley Royal Regatta）创办于1839年3月26日，每年在位于牛津郡的名叫“泰晤士河的亨利”（Henley-on-Thames，位于牛津东南方向约37公里）的小镇举行，最初名为“亨利赛艇大会”，1851年改名为亨利皇家赛艇比赛。牛津大学和剑桥大学之间的赛艇对抗赛首次举办时，其赛道为亨利皇家赛艇比赛使用的赛道，从1836年第2届比赛开始，比赛迁址至伦敦的泰晤士河段举行。这两项赛事一直延续至今，已成为英国赛艇的象征。

在牛津伊西斯河举办的赛艇比赛（1822年）

2007年的牛津大学剑桥大学赛艇对抗赛

从19世纪30年代到60年代，赛艇在澳大利亚和加拿大得到发展，并在同一时期盛行于欧洲和美国。在整个19世纪，职业单人双桨赛艇是一项为人喜爱的运动。1892年国际赛艇联合会成立，设立了一些赛艇项目，如8人、4人和双人赛以及单人双桨赛等。在8人、4人赛艇比赛中，出现了舵手，他坐在船尾，把握航向，呼喊划桨口令，通常还要指挥比赛的战略。从1900年起，赛艇项目出现在奥运会比赛之中，最初只有男子项目，1976年起增设女子项目。

1948年伦敦奥运会的赛艇比赛在"泰晤士河上的亨利"举行。图为比赛纪念品

除了以上现代体育项目，还需要特别说明的是猎狐（foxhunting）。

猎狐并非泛指任何以狐狸为猎捕对象的狩猎活动，而是专指多名通常身穿红色上衣、灰色长裤，头戴黑色高帽的猎手骑着骏马，带领成群的体形强壮、动作敏捷的专用猎犬（称作"猎狐犬"），飞奔在广阔的猎场内搜寻、追逐和猎杀狐狸的活动。

英国猎狐犬

猎狐是英国上层社会的专属运动，骑手通常为上层人士的高级仆人和随从。猎获狐狸后，主人在乡村别墅举办宴会招待客人，以狐尾、狐头和狐胝分赠给骑手，狐狸的尸身则掷与猎狗分食。

猎狐产生于17世纪末英格兰的莱斯特郡。1698年，年仅17岁的乡绅子弟托马斯·布思比（Thomas Boothby，1677—1752）在莱斯特郡建立起后来被称为科沃恩猎场（Quorn Hunt）的史上第一个专门用来开展猎狐的猎场，这被认为是猎狐产生的标志。在布恩比去世后的次年即1753年，雨果·梅内尔（Hugo Meynell，1735—1808）成为科沃恩猎场的第二位主人。从1753年至1800年，梅内尔在科沃

猎狐（六联画）

弗朗西斯·卡尔克拉夫特·特纳（Francis Calcraft Turner），作于1835—1836年

（耶鲁大学英国绘画研究中心藏品）

这套六联画比较全面地反映了猎狐的过程，包括猎手骑马指挥众猎犬出发、搜寻、追逐和猎杀狐狸，以及猎获狐狸之后举行宴会的场面。

恩猎场长期精心培育猎狐犬并大获成功。在梅内尔的苦心经营下，科沃恩猎场成为英国的猎狐圣地，吸引大批外地的猎狐爱好者慕名而来。19世纪中叶，猎狐在英国各地获得普遍开展，很多地方设有专用猎场，很多喜爱村野生活的贵族和乡绅醉心于此。

后来，由于多种原因，猎狐逐渐走向衰落。进入20世纪，猎狐屡屡成为动物保护主义者打击的目标。围绕禁与不禁，猎狐的支持者和反对者进行了多年的论战和斗争，但猎狐一直在一定范围内继续开展。2004年，英国下院在未经上院同意的情况下通过了《狩猎法》，禁止任何人带领两只以上的猎狗猎杀狐狸，似乎给了猎狐致命性的一击。但是据报道称，该项法律通过之后，英国被杀死的狐狸的数量反而增加，保护狐狸的目的完全没有达到。猎狐在一些地方仍继续开展。应该看到的是，猎狐是一个涉及英国人的生活习惯和乡野观念、农村的社会结构、农业经济、生态平衡等诸多方面的复杂问题，其在英国的未来将会怎样，尚未可知。

二、公学体育的兴起

1. 英国公学的性质和历史

在英国，作为一种中等教育机构，公学（public school）并非是由国家和政府出资设立和行使管理权的“公立学校”。恰恰相反，英国的“公学”在资金来源方面不依靠政府，在行政管理方面不受政府的控制，享有办学自主权。在这个意义上，英国的“公学”亦称“独立学校”（independent school），意为独立于政府的学校。

英国历史最为悠久的若干所公学均由中世纪和文艺复兴时期由某位捐资人出资创建的学校演变而来。自创办之后的几个世纪内，这些学校一般仅招收临近地区的学生。从18世纪开始，它们开始招收外地学生，为区别于地方学校，而称之为“公学”。此外，一般认为公学培养的是准备进入牛津大学和剑桥大学的学生，以及将来准备担任政府公职的学生——这是“公学”名称的另一个来源。

运动和阅读——伊顿公学的学生生活

（图片来源：伊顿公学官方网站）

英国最知名的公学共有9所，即通常所称的“9大公学”。按照建立年代的先后，这9所公学依次为：

温切斯特公学（Winchester College），位于汉普郡温切斯特（Winchester, Hampshire），1382年由温切斯特主教威克汉的威廉（William of Wykeham）批准建立，1394年首批学生入学。

伊顿公学（Eton College），位于伯克郡的伊顿（Eton，Berkshire），1440年由英国国王亨利六世（Henry Ⅵ）建立。

圣保罗公学（St. Paul' s School），位于伦敦西部的哈默史密斯（Hammersmith），1509年由约翰·科利特（John Colet）建立并给予资助。

什鲁斯伯里公学（Shrewsbury School），位于什罗普郡的什鲁斯伯里（Shrewsbury，Shropshire），1552年由英国国王爱德华六世（Edward Ⅵ）建立。

威斯敏斯特公学（Westminster School），亦称圣彼得学院（St. Peter’s College），位于伦敦西部，原本可能是一所教会学校，1560年由英国女王伊丽莎白一世（Elizabeth Ⅰ）重建。

麦钱特·泰勒斯公学（Merchant Taylors’ School），1560年由伦敦麦钱特·泰勒斯公司（Merchant Taylors’ Company）资助建立，原址位于伦敦，1933年以后迁至赫特福德郡（Hertfordshire）。

拉格比公学（Rugby School），位于沃里克郡的拉格比（Rugby，Warwickshire），1567年由伦敦富商劳伦斯·谢里夫（Lawrence Sheriff）创办。

哈罗公学（Harrow School），位于伦敦西北的哈罗山（Harrow-on-the-Hill），1572年建立由富有的农场主约翰·莱昂（John Lyon）捐建。

查特豪斯公学（Charterhouse School），1611年由托马斯·萨顿（Thomas Sutton）建立，原址位于伦敦，1872年迁至萨里郡的戈德尔明（Godalming，Surrey）。

哈罗公学

在600多年的历程中，英国公学的毕业生中产生了大批教会、政界、军界、商界、知识界、科技界、艺术界、体育界等领域的领袖人物和精英人才。以“九大公学”中最有代表性的伊顿公学和哈罗公学为例，哈罗公学的毕业生中有8位首相（其中最著名的是第二次世界大战期间出任首相的温斯顿·邱吉尔），而伊顿公学毕业生中产生的首相更多，共有19位。英国历史上著名的将军亚瑟·韦尔斯利（Arthur Wellesley，1769—1852），他即率领军队在滑铁卢战役击败拿破仑的威灵顿公爵（Duke of Wellington），小说家亨利·菲尔丁（Henry Fielding，1707—1754）、乔治·奥威尔（George Orwell，1903—1950），诗人雪莱（Percy Bysshe Shelley，1792—1822），经济学家凯恩斯（John Maynard Keynes，1883—1946），考古学家亚瑟·伊文思（Arthur Evans，1851—1941），因发现氩气获得诺贝尔奖的物理学家约翰·威廉·斯特拉特（John William Strutt，1842—1919）等名人都曾在伊顿或哈罗求学。

据英国公学联合会（Independent Schools Council）2017年的统计，该组织共有1300余所成员，这些学校的学生总计超过50万，占英国学生总数的5%。

2. 19世纪英国公学体育的兴起

从18世纪末开始，公学体育兴起，成为英国体育的一道独特的风景。

早在公学成立之初的中世纪晚期和文艺复兴时代，公学的学生就经常参加体育运动。例如曾担任温切斯特和伊顿公学校长的威廉·霍曼（William Horman，1440—1535）在16世纪初的一部语文教材（Vulgaria，1519年出版）中就有学生进行“足球”的记载。但很长时期内，体育运动只是学生的一种普通的课余活动。

直至18世纪晚期，公学体育才开始得到社会的重视和较大的发展。这和18世纪晚期的英国国内经济、社会和对外关系发生的深刻变革和面临的巨大挑战具有直接关系。18世纪晚期英国发生了工业革命，随之兴起的工业资产阶级在经济上具有越来越大的影响力，成为英国社会的重要力量。在对外关系方面，北美独立战争导致了大量殖民地的丧失，法国大革命发生之后，英国联合俄国、普鲁士、奥地利、西班牙等国数次组成反法联盟，屡屡发动反法战争。

国运兴衰，系于教育。在这种背景下，英国的政治家、资本家和思想家纷纷对公学寄予厚望，希望公学能够培养出大量适应国家需要，具有领袖气质、独立人格、勇敢品德、协作精神的青年精英，带领英国迎接挑战。从18世纪末开始，大批英国上层社会的子弟陆续被送往伊顿、哈罗、威斯敏斯特、拉格比等公学接受教育，学生数量迅速增长。例如拉格比公学1778年仅有52名学生，1794年就增长到了245名，哈罗公学1785年有150名学生，1803年达到351名。19世纪以后，公学的数量也逐渐上升。

由于在公学学生之中开展体育运动被看作是培养青年精英的一种重要方式，自18世纪晚期之后，体育运动（尤其是板球、赛艇、英式橄榄球、足球等团队竞技运动）在英国公学得以蓬勃开展，公学体育不仅在校园生活中占有越来越重要的地位，而且为现代体育的形成和传播做出了重要的历史贡献。

从组织方式来看，18世纪晚期之后英国公学体育的发展大体上可以分为两个历史阶段。

1850年代之前，英国公学体育主要由学生自主组织开展，校长和老师们基本上不参与其中。板球、足球、拳击等在这一阶段得到较大的发展，其中板球最为常见和重要。1786年，伊顿公学和威斯敏斯特公学两校学生之间第一场有明确记载的板球比赛举行。在此之后，各公学之间的校际板球赛和一所公学各年级之间的板球比赛频繁举行。1805、1818和1822年，伊顿和哈罗公学之间的板球赛三度在伦敦的罗德球场举行，轰动一时。从1822年起，伊顿和哈罗的板球赛成为年度比赛，除个别年份因战争等特殊情况停办，一直坚持至今天，与1806年起举行的绅士队和玩家队的板球赛与1827年起举行的牛津和剑桥大学的板球赛并称为英国的三大经典板球赛事。

1869年出战伊顿—哈罗板球赛的哈罗公学板球队

1850年代之后，公学的校长和老师们逐渐积极参与组织体育运动，成为公学体育的主导力量。其标志性的事件是1853年，莫尔伯勒公学（Marlborough College，建立于1843年）校长乔治·爱德华·林奇·科顿（George Edward Lynch Cotton，1813—1866，1852—1858年任校长）发布《致学生家长的公开信》，宣布将在学生中组织开展体育运动并作为正式课程，并将设置专门的体育教师岗位。与科顿同时期的哈罗公学校长查尔斯·约翰·沃恩（Charles John Vaughan，1816—1897，1845—1859年任校长）、厄平汉公学（Uppingham School）校长爱德华·思林（Edward Thring，1821—1887，1853—1887年任校长）、兰辛公学（Lancing College）校长亨利·沃尔夫德（Henry Walford，生卒年不详，1859—1861年任校长）、洛雷托公学（Loretto School）校长亨利·哈钦森·阿尔蒙德（Henry Hutchinson Almond，1832—1903，1862—1903年任校长）等也在其主政的学校和教师们共同积极推动体育运动。

哈罗公学的爱德华·鲍恩（Edward Bowen，1836—1901）或许是对于推动体育运动表现得最为狂热的公学教师，他经常组织学生进行足球比赛。1872年，他创作了哈罗公学校歌《四十年来》（Forty Years On）的歌词，歌词内容大力宣扬了哈罗公学推崇体育运动的价值观念。

在很多校长和教师的推动下，公学体育得到了普遍开展。19世纪晚期，板球、足球、英式橄榄球、跑步、赛艇等几乎成为每一位英国公学学生的必修课。

19世纪50和60年代积极推动体育运动的公学校长
自左至右：莫尔伯勒公学校长科顿、哈罗公学校长沃恩、厄平汉公学校长思林、洛雷托公学校长阿尔蒙德

3. 英国公学体育的特色项目

19世纪后半期的公学体育最有特色的是伊顿公学、哈罗公学、温切斯特公学、拉格比公学等校经常举行的规则、场地各不相同的“足球”比赛。这些比赛为现代足球和英式橄榄球的形成、传播和发展做出了重要贡献。

拉格比公学的“足球”

除了这些“足球”比赛，值得一提的还有伊顿公学的“墙球”（Wall Game）。这项传统赛事的历史可追溯至18世纪，通常每年冬季举办，在伊顿公学的住校生和走读生之间进行，被视为伊顿公学的象征之一。“墙球”的比赛场地狭长，一侧为伊顿公学的一段围墙（因此得名“墙球”），另一侧为校园的一片草地。比赛允许手脚并用和激烈的身体冲撞。

伊顿墙球

4. 英国公学对于现代体育发展的历史贡献

英国公学体育对现代体育的发展做出了重要的历史贡献。这主要表现在两个方面。

其一，英国公学体育促进了若干现代体育项目的产生和传播，尤其是对现代足球的产生做出了重要贡献。

现代足球的产生以1863年10月26日英国足球协会的成立为标志。英国足球协会成立的首要目的是制定统一的足球规则。制定统一的足球规则，与公学足球的发展有直接关系。1863年12月1日英国足球协会第5次会议讨论制定、12月8日第6次会议正式通过的规则是现代足球的第一套通行规则。该规则以伊顿规则、哈罗规则和剑桥规则为基础，剑桥规则是在伊顿公学等著名公学的毕业生主导下制定的。

此外，英式橄榄球的产生和拉格比公学具有直接关系，英式橄榄球的英文名称rugby即得名于拉格比公学的英文名称。1830年代，哈罗公学的学生对一种传统的持拍击球游戏进行改造，发明了壁球，建造了历史上最早的壁球场地。

查尔斯·威廉·阿尔科克
（Charles William Alcock，1842—1907）

其二，许多在公学校园中经历了体育运动锻炼的毕业生后来成为体育届的精英人才，例如查尔斯·威廉·阿尔科克（Charles William Alcock，1842—1907）、亚瑟·菲茨杰拉德·金奈尔德（Arthur Fitzgerald Kinnaird，1847—1923）、艾弗·蒙塔古（Ivor Montagu，1904—1984）等。

查尔斯·威廉·阿尔科克于1855—1859年就读于哈罗公学。从哈罗公学毕业之后，阿尔科克长期担任英国足球协会的秘书长。在他的倡议和积极努力下，英国足总杯赛得以设立和成功举办，使现代足球得到稳固的发展。

亚瑟·菲茨杰拉德·金奈尔德是伊顿公学学生，从伊顿公学毕业后在剑桥大学三一学院深造。他被誉为英国足球史上第一位超级明星，曾经率领流浪者队和老伊顿人队5次夺得足总杯冠军。作为球员退役之后，金奈尔德成为著名的足球裁判，曾执法1887年和1889年的足总杯决赛。1890年，他成为英国足球协会的主席，直至1923年去世。

亚瑟·菲茨杰拉德·金奈尔德
（Arthur Fitzgerald Kinnaird，1847—1923）

艾弗·蒙塔古出生于英国一个富有的犹太族家庭，其祖辈18世纪中期从德国北部移民至英国，世代经商。蒙塔古先后毕业于威斯敏斯特公学和剑桥大学国王学院。他兴趣广泛，尤其爱好运动和拍摄电影，擅长乒乓球，曾代表剑桥大学参加和牛津大学的乒乓球比赛。1921年，年轻的艾弗·蒙塔古发起成立了英格兰乒乓球协会（English Table Tennis Association）并担任主席。1926年，艾弗·蒙塔古和奥地利、丹麦、德国、匈牙利、捷克斯洛伐克、印度、瑞典等国的代表共同发起成立了国际乒乓球联合会，他还出资赞助举办了1926年年底在伦敦举行的首届世界乒乓球锦标赛。蒙塔古的母亲捐款制作了男子团体比赛的冠军奖杯即著名的斯韦思林杯（Swaythling Cup）。斯韦思林是英格兰南安普顿郊区的一个地方，蒙塔古家族在这里有一处住所，1907年，艾弗·蒙塔古的爷爷塞缪尔·蒙塔古（Samuel Montagu，1832—1911）受封为男爵，封号以斯韦思林命名，称“斯韦思林男爵”（Baron Swaythling）。该爵位实行世袭制，塞缪尔·蒙塔古为斯韦思林男爵一世，在他去世之后，艾弗·蒙塔古的父亲路易斯·塞缪尔·蒙塔古（Louis Samuel Montagu，1869—1927）继承爵位，称为斯韦思林男爵二世。斯韦思林杯（Swaythling Cup）是以蒙塔古家族的爵位名称命名的。

艾弗·蒙塔古和他的妻子

艾弗·蒙塔古对中国非常友好，是中国人民的老朋友。新中国成立之后，蒙塔古多次来华访问，大力支持中国乒乓球运动的发展。他对于北京成功承办1961年第26届世界乒乓球锦标赛以及“乒乓外交”，都产生了重要的历史作用。

5. 公学体育价值观：培养光荣的绅士

19世纪英国公学体育的精髓在于推崇体育的校长和教师的体育价值观。这是英国公学体育发展的根本性的主导力量和精髓。对于这种价值观阐述和施行最为系统和彻底、达到极致的，或许是前文述及的洛雷托公学的校长亨利·哈钦森·阿尔蒙德。

阿尔蒙德认为，体育运动的首要价值是培养“男人”，使学生有男性气概，能够不怕任何困难，面对艰难困苦，不畏缩，有勇气。他还认为，体育运动不仅要使青少年学生身体强健，更重要的是，体育运动能够使英国的男孩和少年性格刚毅，意志坚定。

说到底，英国公学是要把学生培养成光荣的绅士。绅士是继骑士之后，一个显赫的阶层。绅士是英国城市兴起过程中涌现出来的富裕阶层，他们是社会的新宠，代表了时代潮流发展的新方向。在他们的影响下，一部分封建贵族顺应潮流，接受了新兴资产阶级的生活方式，一部分贵族却仍然期望借助等级壁垒维护自己的尊严，过着守旧的生活。绅士阶层的性格特性，很鲜明地体现在两个方面，一是信奉新教，把追逐和创造财富看成上帝赋予一个人的天职，他们勤快的身影穿梭在陆地和海上，进行资本原始积累。另一个特性就是强调在世俗生活中付出行动，追求实际效用。所以，那些戴着礼帽、彬彬有礼的绅士，实际非常注重身体养护，保持着良好的身体姿态和进取信心。英国启蒙思想家约翰·洛克（1632—1704）给绅士下定义说："一个绅士，无论在海上，在战斗中，在社会生活和个人生活中遇到种种困难，都一样善于克服；如果他卷入私人冲突，那他应当是这场冲突的胜利者。"

绅士热爱运动，尊崇勇敢、刚毅的精神品质，推崇公平竞争原则。他们认为贵族以剑搏命的决斗是一种"暴行"，推行规则严密的现代竞赛。运动俱乐部是英国绅士对现代体育的最大贡献，而公学、大学毕业的学生到北方工业城市去从事工程技术或者金融服务等行业时，也发起成立了很多运动俱乐部。但绅士或者绅士子弟们，为了维护参与运动的所谓纯洁性和道德原则，规定领取过比赛奖金的运动员不能加入俱乐部，设立了入会必须的"财富门槛"，把不太富裕的阶层和职业选手排斥在了他们的运动比赛之外，形成了绅士俱乐部的关门主义。1867年成立的伦敦业余田径俱乐部就明确宣称：体力劳动者、领薪水的教练员，以及曾在某次比赛中收取过钱财的人，均不得参加业余者比赛。这个原则最终在各个项目的业余俱乐部中确立，在业余与职业选手之间树立了一道壁垒，这就是困扰现代体育100多年的业余主义原则。

3

第三章

战后英国：现当代体育的“福利”变迁

（1945年起至今）

战后英国，国运跌宕，从建成福利国家到跌入福利陷阱，从大国崛起到帝国沉沦，体育事业也相应经历了三个变革时期：战后福利国家建设时期；20世纪70年代撒切尔实施的新自由主义时期；20世纪90年代布莱尔开始的第三条道路时期。三个时期都发生了很多标志性的体育事件，比如1948年伦敦奥运会开始电视转播，世界体育从英国起步进入电视时代；20世纪60年代职业球员最高工资限额取消，职业网球公开赛举办，职业比赛的价值获得社会认同；1992年天空电视台巨资推动，英国足球超级联赛创立……一切都显示了政府、公众、商业等各方面力量的搏弈，在历史传统与现代发展之间，英国的体育文化发生着浪涛汹汹的变幻。

一、福利国家的体育建设（1945—1979年）

饱受战争之苦的英国人，在战后把凯恩斯主义的“普遍福利”原则看成是社会福音，1942年发布的贝弗里奇报告，则完整描述了现代福利国家的美好蓝图。贝弗里奇设计的这份社会保障计划，从养老、疾病、残疾、死亡、工伤、失业和家庭津贴等7大保险项目为公民提供生活基本保障，使人们仿佛一下看到了建成美好社会的希望，所以奉行凯恩斯主义的英国工党，在大选中用“福利国家”的口号来集结选民，竟然击败了二战中德高望重的保守党首相丘吉尔，而粉墨登场的工党首相艾德礼，上台后就把贝弗里奇报告当成政府的施政方针与建设福利国家的指路标。

工业革命时期，英国社会受亚当·斯密的古典自由主义经济学思想的影响，认为市场的手会自动调节社会分配，奉行不干涉主义，对体育的态度也是放任自流，主要交由协会和个人主导。第二次世界大战后推行福利国家政策时，对教育、医疗、住房、公共事业等领域进行了全面改革，到1948 年自豪地宣称已经建成福利国家。但国家福利政策并未直接关照体育，这期间，上演着传统与现代、国家与个人、职业与业余的观念冲突与利益格斗，这些矛盾冲突及其衍生的体育“窘态”，加上电视传媒技术对体育发展的巨大牵引力，最终导致了国家体育政策的改变，到20世纪60年代出台了更多针对体育的政策文件，使社会体育更深地融进了“国家”。

1. 楔子，1948年伦敦奥运会的红与黑

一方面，英国对奥林匹克运动有着特殊的贡献，1908年伦敦奥运会就是一个里程碑，第一次修建了奥运会专用体育场，第一次举行入场仪式，是奥运会比赛步入正规化的开始。同样，1948年的伦敦运动会也有着特殊意义，第二次世界

大战的爆发，使1940年奥运会（原定东京）和1944年奥运会（原定伦敦）都没有举行，1948年的伦敦奥运会就是在战后重续奥林匹克中断12年的圣火。59个国家4104名运动员参加了本届奥运会，德国和日本作为战争策源地被剥夺参赛资格，苏联因为安保问题没有出席。这届奥运会是在法西斯“闪电战”过后创伤满地的伦敦举办，各方面条件不是最佳，但却闪现着和平主义的光辉。另一个闪光点，就是体育比赛电视转播时代的开始。

1931年英国机械电视之父比尔德就尝试转播赛马比赛，画面非常模糊，但随后电视技术取得了令人惊奇的发展，20世纪40年代远距离变焦镜头出现，转播体育比赛的条件更加成熟。1948年伦敦奥运会首次实现了奥运比赛电视转播，英国广播公司（BBC）在围绕伦敦50英里的覆盖范围内转播了比赛的实况，超过50万名电视观众收看了64个小时的奥运节目。伦敦奥运也因此开创了向广播电视公司出售转播权的先例，尽管后来因为BBC财政困难，国际奥委会免去了BBC公司这1000基尼（折合3000美金）的债务，但仍然标志着电视转播时代的正式开始。

1948年伦敦奥运会上BBC用电视录像机现场录播，这是体育电视转播的开始

另一方面，1948年伦敦奥运会的光彩，却无法掩盖英国参赛成绩的灰暗，这届奥运会东道主只获得3枚金牌、14枚银牌、6枚铜牌，排名第12位，与1908年作为东道主获得56枚金牌的成绩比起来确有天壤之别。接下来的赫尔辛基奥运会，英国只获得1枚金牌，名次跌落到18位。无独有偶，英国人引以为豪的足球，也在与匈牙利的两场友谊赛中让人大跌眼镜。1953年英格兰足球队被来访的匈牙利

队击败，这些英国人眼中滑稽的外国人给他们上了一堂生动的足球课，匈牙利也成为一支在英国本土重要比赛中战胜英格兰的球队。1954年，英格兰队回访匈牙利的复仇之旅，却以1：7自取其辱。

这些尴尬的战绩，带来了几对体育观念的碰撞：体育究竟是个人活动还是需要国家扶持，除了出台大众体育福利政策，国家财政是否要支持精英体育？体育究竟是高尚的业余运动，还是承认职业体育存在的合理性？这一切观念的改变，引领了英国体育政策的变化，导致英国体育形态发生了分水岭式的变革。

2. 贵族与平民："愤怒青年"的体育呐喊

随着工业社会的结构性变化和二战后的重建，国家推行的福利保障政策初见成效，工人阶级的生活有了中产阶级化的趋向，大批工人阶级子弟有了更多的休闲时间和娱乐消费开支，他们可以更多地参与体育运动。但生活状况的改善，并不能改变英国等级社会的传统，牛津、剑桥等名校的学生主要来自上流社会，偶尔有工人出身的"奖学金少年" 被保送进这些名校，人数也是凤毛麟角，一直占一个很低的比例。这些工人家庭出生的青年，无论怎样奋斗，最终很难改变自己"局外人"的地位，于是，在20世纪五六十年代，在文学作品中出现了一代"愤怒的青年"（The Angry Young Men），反映了现实生活中的观念对垒，表现了平民阶层对上流社会及其精英文化的挑战与抗争。

20世纪50年代一系列的小说、电影作品塑造了"愤怒青年"的人物形象，代表作如《每况愈下》《幸运的吉姆》等，其中的主人公都接受过了大学教育，他们个人奋斗历程终究摆脱不了"边缘人"的境地，所以，他们向社会抗争，挑战主流文化的价值观。1963年由阿兰·西利托创作的体育小说并改编成电影的作品《长跑者的寂寞》，是这种"愤怒的青年"文学风格的延续，作品主人公科林·史密斯具有典型"愤怒青年"的特征。科林·史密斯的父亲在工业流水线上劳累致死，体现社会福利的一点保险金被父亲遗孀挥霍一空，充满怨恨与愤怒的科林·史密斯因为在面包店犯了些偷盗的小罪，被警察送进了青少年犯教养院。在教养院，管教发现了他的跑步天赋，他被训练和选派出来代表英国参加比赛，科林·史密斯内心仍然充满了愤怒，他觉得自己跑得再快都不能逃过警察的抓捕，现在要代表囚禁他的英国参加比赛，这是一个荒唐的讽刺，所以，在终点线近在咫尺的时候，科林·史密斯停了下来，无论英国观众怎样狂热地为他加油，他站在那里一动不动，仿佛聋了、傻了，可内心充满了胜利的喜悦。科林·史密斯实际是在和英国社会的阶级制度赛跑，在和英国社会的种种不公平现象赛跑，他输掉了比赛，却战胜了囚禁、羞辱他的主流社会。

“愤怒的青年”反映了战后英国的观念冲突，他们抵制社会与文化的等级制度，冲击社会人群迷恋旧式贵族生活的陈腐气息，打破特权阶层对高雅活动的垄断，这一切都标志着一个新文化运动的兴起。而对于体育运动的演变来讲，英国社会的体育往往都按着上流社会的方式在开展，比如对工人阶级参加体育协会的门槛限制，又比如排斥打压职业运动的明显倾向，所以，“愤怒的青年”是在观念上对体育旧格局的第一波冲击，也是一场要求改变的呐喊。

3. 雇工到富豪：球员工资最高限令的取消

战后英国的社会文化正发生着变化，福利制度和工资增长提高了工人阶级的消费能力，到20世纪50年代末英国进入繁荣的平稳发展时期，汽车、电视机和电冰箱等消费品需求大幅增长。至20世纪60年代末，五分之二的家庭都拥有汽车，教师、零售商、公务员等从业人员，都可以成为福特豪华轿车（Ford Consul）或者是莫里斯（Morris Oxford）的会员。总之，一个战后的大众社会正在崛起，这个时代由电影、广播、报刊杂志、商业电视等大众媒体生产制造的大众文化迎合了公众的娱乐消费口味，精英文化的主宰地位遭到削弱，在传统英国贵族文化的统辖之外，出现了一个现代的大众文化空间，其中有电影、电视、摇滚乐、爵士乐、体育比赛等，在公众的日常生活当中，这些大众文化产品正从边缘向中心移近。作为大众文化重要组成部分的职业竞赛表演，迎来发展良机，强力冲击着业余体育的统治法则。

职业与业余的领地之争是一个老话题，在二战之前就已经纠缠百年。英国主流社会一直奉行体育的业余主义原则，从19世纪上半叶现代体育的早期发展阶段，当时的贵族绅士阶层在创立俱乐部与协会时，就把运动竞技作为一种荣耀追求，以彰显其上流社会地位和尊崇骑士精神的道德品质，那些跑到体育比赛中来挣钱的选手都是不够“高尚”的，为业余选手们唾弃与排斥。由此，业余主义原则一直占据着英国体育文化的主导地位。第六世埃克斯特侯爵大卫·乔治·伯利

（Lord David Burghley）就是英国业余体育原则的典型捍卫者。大卫是1928年阿姆斯特丹奥运会400米跨栏的金牌获得者，1933年起成为国际奥委会委员，并受封为布朗洛塞西尔勋爵。他在1941年担任英国业余田径协会主席，1943年至1945年担任百慕大总督，1948年当选为伦敦奥运会的组委会主席。他曾担任英国业余田径协会主席长达40年之久，并于1951年起担任国际田径联合会主席，任期长达30年。直到1981年10月22日去世，他一生都反对以追求利益和金钱而参与体育运动，认为体育运动应该以获取快乐为出发点。因此，他在位的数十年间反对任何试图入驻英国田径运动的商业资金来源❶。

但职业体育运动与工业社会相伴而生，历史和现代业余运动一样悠长。特别是到二战过后大众文化勃发之时，职业体育获得巨大发展空间。在1959年出版的《体育百科全书》里，查尔斯·哈维（Charles Harvey）指出英国人参与的体育运动起码有67种。当时英国人参与这些运动在很大程度上只是因为兴趣，很少人为了谋生。这67种运动中大概有20种存在职业参与行为，其中又有几个项目的职业参与性比较模糊，很难界定职业和业余性质，因此常常被忽略。例如，每年夏天出现在英格兰西北、东北部和苏格兰高地的一些“职业”田径比赛。

6项体育运动充满了职业色彩，分别是：拳击、板球、自行车、高尔夫球、赛马和足球。1958年在英国拳击运动管理委员会注册的职业运动员共有1700多人。板球则为职业运动员提供更多的空间，在兰开夏郡、约克郡、斯塔福德郡和伯明翰有17个俱乐部大约300名职业运动员。二战后的前20年，职业自行车运动员数量还不算很多，如在1964年，大约7000人注册英国自行车联合会，他们当中很多都是商业车队的成员。职业高尔夫球被划分为两类：一类是在俱乐部充当职业教练，他们一边教授会员，一边向会

20世纪四五十年代，孩子们追星索要签名，职业球员成为社会人群热捧的偶像明星

❶ Duncanson. N. and Collins. P.. *Tales of Gold*. London：Queen Anne-Macdonald，1992：41.

员兜售器材；另一类是做巡回比赛的职业选手，这类选手更多地外出比赛。在20世纪50年代，约五分之一的职业高尔夫球运动员参加巡回比赛，但很少能持续获得好成绩。在赛马运动上，职业运动员叫作骑师。平道赛马收入比障碍赛马丰厚，约有170人，但仍有100名左右赛马师靠障碍赛马维持生计。足球是全英国内拥有最多职业球员和观众的体育项目，20世纪50年代，全英国92个职业俱乐部中约有4000名职业足球运动员。此外，约有2000名半职业足球员分散在各种非联盟赛事中。

战后的英国观众疯狂地涌入赛场观看高水平的竞技比赛，他们推动了职业体育的发展。于是，在20世纪60年代，发生了职业体育的两个标志性事件，一是球员最高工资限令的取消，二是1968年温布尔登网球赛“公开”允许职业选手参赛。这两件事，都被看作是一个新时代的开端。

足球虽然早就职业化，但足球协会受业余主义思想影响，一直限制球员的最高工资，他们的工资收入也就是熟练工人的2～3倍，1922年周薪限定不高于8英镑，到1951年最高工资上调到14英镑，1958年上调到了每周20英镑。这样一种保守思想的限制，使英国足球与时代发展有些脱节，在当时的世界足球环境中落入了尴尬的境地。因为运动员的收入偏低，部分优秀球员就远走海外俱乐部。如威尔士的世界级中场球员约翰·查尔斯（John Charles）于1956年加盟意大利的尤文图斯，转会费高达6万5千英镑。他加盟意大利俱乐部能让他过上更好的生活，意大利俱乐部为他提供地中海沿岸的别墅，他自家拥有两部汽车，获得的薪酬和分红都比任何仍旧效力英国俱乐部的球员高得多❶。约翰之后，许多优秀球员纷纷效仿，导致英国足球人才外流。1957年上任的职业球员协会主席吉米·希尔（Jimmy Hill）领导球员长期抗争，工资与自由转会的官司打到了法庭，最终在1961年取消了最高工资限额，这意味着球员长达100年的“雇工”时代结束，进入了高薪富豪时代。

职业选手的工资涨了。职业足球运动员马上成为职业体育市场活跃的交易商品，价格飞涨，富勒姆（Fulham）、约翰尼·海恩斯（Johnny Haynes）等的薪酬马上涨到了每周100英镑。除足球以外，追求金钱回报的观念也致使其他体育项目的运动员收入大幅攀升。比如说，职业赛车手也是收入不菲，当然也仅限于获

---

❶ Charles, J.. *King of Soccer*. London: Stanley Paul & Co Limited, 1957: 149.

得成功的部分选手，如斯特灵·莫斯（Stirling Moss）在1960年的收入比首相都高。又如，格拉曼·希尔（Graham Hill）在1962年驾驶英国汽车获得世界冠军，仅从生产商那里就能领到超过5位数的代言收入，另外还有厂商的获利分红和比赛奖金。职业高尔夫球运动员在巡回赛上的获利也开始水涨船高，据尼科尔森（Nicholson）估算，在1963年有1人能赚到7000英镑，1人赚到3000英镑，8人赚到2000到3000之间，12人在1000到2000之间。仅从周日的表演赛上，最优秀的运动员可能赚到高达2000英镑的奖金❶。

网球的职业化最具有典型意义，这个中世纪皇室提倡的贵族运动，在现代社会逐步被资本主义市场推向了职业比赛的领域。作为1896年奥运会上唯一的球类比赛项目，网球却不是奥运会的嫡系项目，1924年过后，由于在划分业余爱好者和职业选手的问题上出现争议，奥运会取消了网球比赛项目，直到1988年网球运动员们才作为第一批职业选手走进了奥运赛场。开始于1877年的温布尔登网球赛充满了上流社会的传统，运动员被要求穿一袭白衣，向英国皇室包厢致敬，女子选手的称谓被冠以“小姐”或者“夫人”，但一切传统力量都无法阻挡商业资本的驱动，这项运动很受赞助商青睐。在1968年以前，温网只对业余顶级选手开放，迫使英国历史上伟大的网球选手佛瑞德·佩里，在1934–1936年三连冠后转战职业赛场。所以，1968年温布尔登网球比赛不设门槛，举行向所有选手开放的公开赛，堂尔皇之地进入了职业化的公开赛时代。

1968年后，温网参赛选手虽然穿着传统的白色球衣，但他们的身份已经多半是职业运动员，白裙也越来越短

❶Harris R. . Two Wheels to the Top：An Authobiolgraphy.London：W.H.Allen，1976：90.

最高工资限令的取消，改善了球员的生存状态，网球公开赛的推出，则是职业赛事盛行的象征，标志着职业体育黄金时代的到来。

4. 光荣与辉煌：1966年世界杯足球赛夺冠

1966年是英国最鼎盛的时代，福利国家刚建成不久，还没有深深跌入“英国病”陷阱。而这个时期取消球员最高工资限令后，职业足球进入高速发展轨道，足球水平有了很大提升，查尔顿等足球明星正值当打的黄金时期。这一年的 7月11日至7月30日，第8届足球世界杯比赛在英国7个城市的8座球场举行，世界杯足球赛终于回到现代足球的发源地。

1966年7月11日，第8届世界杯足球赛在英格兰开幕。图为英国女王伊丽莎白二世宣布比赛开幕。站在她右侧的是其丈夫菲利普亲王，站在其左侧的是国际足联时任主席斯坦利・福特・劳斯（Stanley Ford Rous，1895—1986）

这届比赛不断发生意外惊喜，先是雷米特金杯在展出期间失窃，轰动了全英国，好在一只叫“皮克勒斯”的狗在草丛中找到了这尊金杯，大约是窃贼迫于压力将其弃之荒野，窃贼是谁也成为永恒的迷。比赛中，朝鲜队的表现令人震惊，这届比赛非洲球队集体抵制，他们不愿意接受与亚洲争夺唯一参赛名额的不公平待遇。于是朝鲜队成为亚非球队的唯一代表，首战就挫败世界劲旅意大利队，在8强战中他们甚至3：0领先葡萄牙队，若不是葡萄牙巨星球员尤西比奥独进4球、惊天逆转，朝鲜队还会走得更远。而英格兰队正兵强马壮，主教练弗雷德·欧内斯特·拉姆齐（Alfred Ernest Ramsey，1920—1999）性格内向、寡言少语、行事沉稳，被媒体称为英国足球“沉默的典范”。拉姆齐自1963至1974年担任英格兰队主教练，指导英格兰队先后获得1966年世界杯足球赛冠军、1968年欧洲足球锦标赛季军、1970年世界杯足球赛八强、1972年欧锦赛八强。作为球员，拉姆齐曾代表英格兰队参加1950年世界杯，此届比赛拉姆齐采用了在职业联赛中锤炼出来的442阵型，以攻守平衡的战术优势，在决赛中以4：2完胜联邦德国队夺冠。

1966年7月30日，英格兰队击败联邦德国队，获得第8届世界杯足球赛冠军。图为英格兰队队员们欢庆胜利

这场决赛还在世界杯历史上留下一个永恒的疑案——温布利之迷。这场在温布利球场上演的决赛，双方2：2战平进入加时赛，进行到第101分钟时，英格兰队前锋杰弗里·查尔斯·赫斯特大力射门，该球击中门梁后几乎垂直反弹至地面，在球门线上回旋滚过，难以辨认是否越过球门线。当值主裁判在向边裁询问之后，做出进球判罚。这样，英格兰队打入关键的第三球，最终英格兰队以4：2胜出。这个进球判罚即为历史上著名的“球打横梁案”，数十年后，科学家采用现代技术证明足球确实越过了球门线。如今，球门上边针孔摄像镜头的安装，避免了这种肉眼无法分辨的争议。

英格兰队前锋赫斯特在决赛中打进3球，上演帽子戏法
图为他打入世界杯足球赛最有争议 “进球”的起脚射门瞬间

据统计，共有近10万人在现场观看了英格兰队与联邦德国队的1966年的世界杯决赛，通过电视观看现场直播的英国观众则创纪录地达到3200余万人。1966年，英国成功举办世界杯并登上顶峰，是英国体育史上最值得骄傲的一个篇章。

5. 国家与个人：沃夫登报告的体育指向

英国进入工业社会后，国家与体育的关系仍然比较疏远，二战之前，国家对体育的管理与古代社会没有本质性的区别，主要干预手段依旧停留在“禁令”阶段，就像中世纪皇室态度一样，当政府感觉到某些体育行为不够文明，危及了社会稳定与财产安全，这时就会出面干涉，出台了《禁止血腥运动法案》等禁止条令，全力杜绝斗鸡、斗牛等血腥野蛮的体育活动，立法限制街头格斗与街头足球活动，而动物保护者和传统狩猎活动之间的争执一直冤冤不解。

当然，随着工业化进程的推进，政府也积极提倡公众进行“理性消遣”的体育娱乐活动，与传统社会相比，政府更多地通过公园化运动，为公众提供了一些公共体育空间，同时鼓励政府一些部门和民间体育机构为公众体育提供物质支持。这期间，受亚当·斯密自由经济思想影响，不直接管理体育事务，主要靠中产阶级、精英阶层人士等成立的体育协会组织发挥主要作用。1935 年，许多对运动与娱乐感兴趣的个人和团体成立了全国性体育组织——英国身体娱乐中央委员会（CentralCouncil of Physical Recreation。简称CCPR），1937年这个委员会归属政府管理，具有半官方半协会的双重身份，同年，CCPR发布《体育训练与娱乐条例》，并且拨款 200 万英磅扶持体育娱乐事业，修建了大量的运动场馆设施。1944 年国家颁布《教育法案》，规定所有的教育机构要为小学、中学和大学提供充分的体育训练设施，使学校基础体育设施在这个战火硝烟的年代仍然得到加强。

第二次世界大战过后的40—60年代，政府并没有把体育娱乐事业纳入统管范畴，仍然延续了战前的体育政策，对体育发展的介入力度有限。福利建设的重点放在教育、医疗、住房、养老等领域，没有把体育运动直接纳入国家福利政策的范围，直到1960年才发生了重大转变。

英国人在国际政治舞台与体育舞台上都遭受了挫折，1956年苏伊士运河危机的结局，证明了日不落帝国的威权已经削弱，奥运会金牌榜上的尴尬名次又证明运动王国的体育优势不再。1956年，伯明翰大学的体育教育学家在其颇具影响力的小册子中总结说，英国体育在国际赛场铩羽而归是因为缺乏国家资助。这些专家们向政府发问：在这个世界上，除了体育运动，还有什么是国家活力和国家声望的最直接象征，于是批评说，当许多国家政府的管理者都是体育运动的专业人士时，英国政府仍然停留在业余水平。最终，这些专家的意见影响了政府的政策取向，形成了在体育领域建立国家干预体制的舆论环境。1960年，沃夫登委员会（Wolfenden）发布了关于体育与社区（Sport and Community）的报告，这份报告认为，目前存在着大量的机会，尤其是对年轻人来说，希望看到他们有机会尝试各种各样的体育活动。建议将社区体育（即大众体育）作为社会福利的一个重要组成部分，让政府给予足够的支持和资助❶。沃夫登报告在英国社会形成了很大的反响，1961年4月在下议院就此展开专题讨论，无论当时在野的工党，还是保守党政府，对此都表示响应。这是一次重大的风向转变，打破了英国社会一贯认为体育是个人自愿参与业余消遣活动的传统观念，国家开始在对体育的管理体制与财政支持方面改变了参与方式。

沃夫登报告表达的愿景，给皇家政府指明了体育管理的政策方向。于是在1965 年成立了第一个中央体育部门——体育咨询委员会（Sports Advisory

❶甑媛圆，缪佳. 英国体育政策的嬗变及启示［J］. 西安体育学院学报，2015（3）.

Council）。委员会由一些专家组成，包括当时的足协主席、伯明翰大学及英国身体娱乐中央委员会（CCPR）的教育专家，首任主席则为教育与科学部（DES）的首席顾问霍威尔（Denis Howell）。下设4个分支机构：国际体育交流、体育研究与科学、体育发展指导、体育设施规划，从4个方面着手介入体育管理。1972年，体育咨询委员会获得英国《皇家许可证法》的认可，正式赋予其权利，具体负责全国的体育事务。1975 年该委员会在提交的政府白皮书《体育运动和娱乐白皮书》中明确提出体育是社会福利的一个方面，体育供给是社会服务中的一个有机组成部分。这个时期，无论工党上台还是保守党得势，都接受了工党制定的社会立法，在建设福利国家的共同思想基础上形成了 “共识政治”，体育也正式成为政府公共服务的重要部分。

英国社会体育长期被传统的业余主义和志愿主义思想主宰，成为缺少政策扶持的受害者，所以，英国身体娱乐中央委员会（CCPR）、英国奥林匹克协会、体育专家学者等一直在争取来自国家的资金投入与设施建设。1960年的沃夫登报告就是风向转变的标志，体育与休闲作为社会福利的附属物，成为社会公共支出的官方目标，体育终于搭上了福利国家建设的快车，迎来了20世纪政府对体育场地设施投资最大的“红火”时期。1972年，体育咨询委员会制定了《体育供给计划》，确定了未来10年的发展目标，计划到1981 年，在英格兰、爱尔兰和威尔士建好 800 个室内体育中心，500 个室内游泳池及一些高尔夫球场和其他专用体育场地设施，并要求地方政府努力弥补所属地区现有体育设施与既定目标间的差距[1]。结果，到20 世纪70 年代末由地方当局兴建的体育和娱乐中心从 4 处猛增到1000处。每个社区基本上有一个体育中心、一个游泳池。这些设施全部对外开放，让公众享受到了福利国家发展的政策红利。

二、新自由经济时代的体育道路（1979年至今）

英国“福利”的美梦没有持续多久，就陷入了“福利陷阱”，福利支出成为英国财政的沉重包袱，从1948年到1983年，福利支出由原来的65.7亿英镑飙升到

[1] 徐兰君，付吉喆，宋玉红. 二战后英国大众体育发展战略的变迁［J］. 曲阜师范大学学报，2012（3）.

527亿英镑，占政府财政总支出的38.2%，除此之外，福利资金的另一个来源就是公司雇主与雇员们交纳的税金。这样的结果，政府财政不堪重负，中产阶级则抱怨交钱养了懒人。巨额的福利支出束缚了英国经济的发展，国家无财力大搞经济建设，公司在重税之下无力扩大再生产，导致生产技术墨守成规，设备无法更新，陷入了经济萧条、失业增多的恶性循环。一个曾经辉煌的日不落帝国，在自身的肌体内部害上了一场“英国病”。

1979年，保守党“铁娘子”撒切尔夫人登上了首相之位，在她执政期间，铁腕削减福利支出，推行新自由主义经济政策，而在体育领域，20世纪80年代足球流氓制造的一系列足球惨案，连续给了撒切尔夫人几记当头棒喝，给她当政造成了不小的麻烦，反过来，也引起了“铁娘子”对体育运动的铁腕整治。

1. 海瑟尔惨案：改变体坛格局的分水岭

从13世纪英国流行足球运动开始，这项运动中就夹杂了暴力行为，表现为参赛青年彼此的冲突打斗。到19世纪工业革命之后，随着大型体育场的建成，赛事规模日益扩大，相关基础设施与安全措施却不完善，因此酿成众多群体伤害事件，一个令人惊悚的足球流氓群体浮出水面，成为英国20世纪七八十年代一个严峻的社会问题。

足球流氓都是些什么人，他们为什么要耍流氓？是因为从19世纪开始大量下层工人阶级涌入了赛场吗？事实上，20世纪七八十年代，足球流氓中有很多是平时仪表端庄的公司白领，也许他们要发泄大国没落后的内心郁闷，也许要尽情享受周末赛场嘉年华的放纵狂欢，他们去观看足球，同时也参与群殴肇事。足球流氓成为一个分散的地下群体，围绕各自拥护的球队，把自己的粉丝团发展成为一个团伙，他们的共同性格特征就是喜欢挑衅，惟恐天下不乱，并且把这种不文明的恶劣行经当成一场时装秀，演绎到了国际舞台上。

1971年，苏格兰艾博罗克斯（Ibrox）足球场就发生了66人死亡、150多人受伤的惨案，这之后的10多年，足球流氓的行迹更加恶劣，最终导致了令世人震惊的海瑟尔惨案！

1985年5月29日，在比利时布鲁塞尔海瑟尔球场举办欧洲冠军杯的决赛，对阵双方是利物浦队和尤文图斯队。这场比赛之所以要放在布鲁塞尔举行，是因为一年前在罗马的奥林匹亚体育场举行的冠军杯争夺战，英国利物浦队战胜罗马队捧杯。但在比赛结束后的赛场外，英国球迷却挨了罗马球迷的棒打。所以，这场由利物浦与意大利尤文图斯队之间的决赛，被放在第三国比利时布鲁塞尔海瑟尔球场举办。尤文图斯队派出了天王球星普拉蒂尼、足球金童罗西等组成的巨星阵容，利物浦队也志在蝉联桂冠，但英国球迷却主要为寻仇算帐而来，在比赛还没有鸣哨之前，就把整个赛场卷进了战争的旋涡。

这一天的傍晚，撒切尔夫人急匆匆离开唐宁街10号的办公室，径直回家打开了电视机，此时距离比赛开始还有45分钟，撒切尔夫人的目光自此就没有离开电视转播。因为，她已经接到警方的报告说，尽管英国警方安排警力，对前往比利时助威的2万球迷进行了全程跟踪，但仍然有部分从敦刻尔克等地前往比利时布鲁塞尔的球迷，脱离了警方的视线，处在了监控之外。这一切都让撒切尔夫人感到一丝担忧。

悲剧震撼来袭。尤文图斯队球迷被安排在右侧球门后方的M、N、O三个区，英国利物浦队球迷被安置在左侧球门后方的X、Y两个区，对立双方球迷本应相隔甚远，相安无事。但隐患就出在与X、Y两个区紧邻的Z区，这个区域的球票按计划被分配给了第三国的比利时球迷，可得到票的比利时球迷大多数去当了 “黄牛”，把球票高价甩卖给了别人，实际坐进Z区的是一群尤文图斯球迷。当利物浦球迷发现进到旁边Z看台的竟然是尤文图斯球迷时，火冒三丈，不断向Z看台挑衅。最终Y看台的利物浦球迷发动了三次冲锋，将看台间隔彻底撞倒，并疯狂地拔起栅栏上的铁管追打尤文图斯球迷。慌不择路的尤文图斯球迷准备从看台另一侧翻墙逃生，哪想围墙轰然倒塌，很多球迷被砖头压住，或者被其他逃生的尤文球迷践踏窒息而死，接着是冲过来的英国足球流氓用钢管与砖头狠命打砸。半小时后，赶来增援的近2000警察、宪兵才在球迷人潮中间搭起了分隔的人墙，基本控制了局面。

比赛还没有开始就尸横遍野，为了转移球迷注意力，稳定赛场内秩序，在时间推迟了将近2个小时后，比赛在血腥的气息中鸣哨举行，结果，尤文图斯队依靠普拉蒂尼的点球1：0获胜。而另一个结果是600多人受伤，39人死亡（其中意大利人32名，比利时人4名，法国人2名，爱尔兰人1名）。可悲的是他们当中大多是没有参与正面冲突的无辜球迷，其中还有妇女和儿童。

撒切尔夫人拍案而起，2天后的5月31日，她就授意英国足联做出决定：英国所有职业球队退出欧洲三大杯赛。接着在6月2日，在撒切尔夫人的配合下，欧足联宣布，欧洲足球赛事取消英国球队参赛资格，英国所有足球俱乐部禁赛5年，利物浦队则禁赛7年。自此，英国足球与国际赛场脱节，在封闭的海岛上自娱自乐，沉浸在长传冲吊的老式打法之中。直到20世纪90年代，英国足球重返国际赛场，再加上涌现了麦克马纳曼、贝克汉姆等一批技术中场球员，英国足球才逐渐有了起色。所以，海瑟尔惨案是影响英国足球命运与格局的标志性事件。

赛场上一边看球一边喝酒，是英国人的一个传统，海瑟尔惨案之后被取缔

撒切尔夫人的组合拳还没有打完，她还要打击足球流氓和规范赛场秩序，除了抓捕、惩罚海瑟尔惨案的肇事流氓外，她以内阁紧急法案的形式出台了一系列的规定：球票不得自由发售，入场球迷必须事先申请俱乐部的会员证，以辨别身份；设立专供家庭观看的看台，保护妇女和儿童的安全；禁止酗酒，带酒入场，禁止与赛场相关的一切场所出售酒类；授予警察更大的执法权力，以便及时制止球迷骚乱；在球场安置闭路电视系统，加强安全监管。至此，在铁娘子铁腕整治下，足球赛场管理日益规范化，海瑟尔惨案也成为影响世界足球比赛秩序的分水岭。

但利物浦的灾难还没有结束，1989年又掉入了一个更大的命运黑洞。1989年4月15日，在英国谢菲尔德市的希尔斯堡体育场举行足总杯半决赛，对阵双方是利物浦队与诺丁汉森林队，比赛开始前10分钟，当双方队员已经进场准备开赛时，场外还有5000观众没有进场，拥堵在入口处，警方为了防止发生踩踏事件，临时打开了平常作为出口的C大门，以便让球迷尽快进场观赛，实际上这相当于打开了一扇地狱之门。由于没有对入场球迷进行引导，这5000球迷涌向了同一看台，造成严重的踩踏事件，许多人被硬生生挤死在看台铁丝网上。伤亡数字比海瑟尔惨案更加惊悚：766人受伤，96人死亡。这次伤亡者主要是利物浦球迷，多数是30岁以下的年轻人，最小的才10岁。

站立看台防止球迷抛物的隔离铁丝网，在谢菲尔德这场惨案中成为杀人凶器

惨案发生后，警方想把责任推给球迷，各方说法莫衷一是。英国内政大臣任命彼得·泰勒大法官全权展开调查，经过31天的取证，泰勒大法官就惨案发生经过及英国足球场地设施的安全状况提交了报告，这就是著名的《泰勒报告》，这份报告促成了一场全国足球场的改建运动，所有英格兰和苏格兰的顶级联赛的站立看台都被取缔，全部改建成了坐席看台。虽然失去了站立式看台这样一个英国足球的传统特色，一票一座却有效防止了看台的拥挤踩踏事件，看台发生暴力事件的概率大大降低。而惨案的真相直到2012年才真正公布，围绕希尔斯堡惨案的政府往来绝密文件被公开，最终调查结果否定了“利物浦球迷是惨案制造者”的无端指责，实际应归咎于现场组织混乱与救援不力。卡梅伦首相亲自出面代表政府向死难球迷家属道歉，自此，真相大白，球迷沉冤得以昭雪。

2. 媒介牵引：英超联赛横空出世

20世纪80年代，媒体技术的发展如烈火战车般迅猛，特别是商业电视媒体与体育的结合更加紧密。这个时期，由美国舶来的好莱坞、爵士乐等大众文化产品，继续强力冲击着英国的精英主义文化传统，英国社会在传媒熏陶下，形成了以娱乐、消费为诉求的大众文化。所以，媒体技术发展如一根纤绳牵引着体育的发展方向，媒体与现代大众体育文化的形成有着千丝万缕的联系，我们不妨先梳理一下英国媒体与体育之间的关联历史。

媒体对体育的报道最早从报刊、杂志等平面媒体开始。两次世界大战之间，每天的报纸上都有几页作为体育新闻板块。当时比较受欢迎的周报《人物》（People）和《世界新闻》（News of the World）分别都有4~6版的体育新闻内容。在主流的日报中，体育版的内容主要是新闻采访，少有的背景花边新闻一般会在足球专栏板块。赛马、足球、板球一直都是英国人喜爱的传统体育项目❶。体育版新闻的出现也造就了一批体育记者。曼城卫报的知名报道员内维尔·卡度斯就是在当时因为体育报道而出名，他关于体育的深度文字报道越来越受到欢迎和重视。其实从1900年以后，英国的体育新闻报刊就多如牛毛，当地人形容体育报纸多得如同煤气灯和炸鱼薯条店一样，已经成为文化现象的一部分。

说起英国广播对体育的转播报道，就必须提到BBC。在BBC建立之前，已经有很多私人公司尝试在英国做电台广播。根据1904年的无线电法案，英国邮政局负责颁发电台广播牌照。1919年，由于收到很多军队对过多广播而干扰军事通讯的投诉，邮政局停止发出牌照。于是，1920年开始，广播电台数量骤减，越来越多人要求成立一个国家广播电台。一个由无线电收音机制造商组成的委员会经过几个月的讨论，最终提出一个方案，BBC由此诞生。英国广播公司（British Broadcasting Corporation ，简称BBC）成立于1922年，是英国最大的新闻广播机构，也是世界最大的新闻广播机构之一。

BBC的成立为英国人的日常生活带来了巨大改变，同时伴随着之后电视的普及，成为了20世纪对英国体育发展产生重大影响的关键因素。当时在英国听广播需要执照许可。1926年全国广播照牌数量是200万，而这个数字到了1939年变成了800万；二战的时候全国70%的家庭都拥有一台无线电❷。BBC第一次广播的体育节目是1922年在基德·路易斯（Kid Lewis）和乔治·卡本迪尔（Georges Carpentier）之间进行的一场拳击比赛。在那之后，体育就成为了BBC广播的一项

---

❶ Holt，R.. *Sport and the British–A Modern History* [M]. Gloucestershire：Clarendon Press，1992：306–307.

❷ Hill，J.. *Sport，Leisure & Culture in Twentieth–Century Britain.* Basingstoke：Palgrave Macmillan，2002：97–98.

重要内容。BBC的总干事对此也很重视，迅速安排了一系列的体育比赛广播。曲棍球、国际橄榄球和国内足球联赛都是当时非常受欢迎的广播内容。一年一度的牛津剑桥赛艇对抗赛也是因为有了BBC的加入而变得家喻户晓。据调查，1939年赛艇对抗赛的收听率达到了70%；随后是拳击，为51%；足球和板球的收听率均为50%。拳击和足球作为工人阶级热爱的体育项目，其收听率较高是理所当然；然而，当年温布尔登网球公开赛的收听率也达到了34%，这表明社会上层资产阶级也开始通过收听广播获取体育新闻[1]。BBC广播扩大了体育的影响，同时也使体育广播员这个职业成为人们羡慕的工作，因为他们往往能坐在最好的位置现场观看精彩的比赛。不过广播员们对此却有另一番说法，他们觉得这份工作并不像人们所想象的那么轻松有趣。一个好的广播员要求有敏捷的反应，丰富的词汇及良好的语言表达能力。有时甚至还不能让自己过于投入比赛激烈的气氛之中，以至于忘了自己要说什么。

广播让体育比赛从赛场来到了听众的家中，在推广体育的同时也使BBC拥有越来越多的听众。在1930年一份名为《广播时代》（Radio Times）的报纸上，提到因为对当年全国足球联赛决赛的现场广播，让BBC有史以来第一次拥有了女性体育新闻听众。该报纸的记者还对那位女听众进行了采访，描述了她收听比赛时的心情和感受。作为当时唯一的广播电台，BBC垄断了全国范围内的体育广播报道，并且树立了英国国家广播权威的形象，在全国范围内广播所有主要体育赛事。

平面媒体和广播电台宣传推广了体育活动，同时也提高了优秀运动员的知名度。但真正对体育产生直接推动力的还是商业电视，BBC完成了从电台到电视的技术转型，继续扮演着主要角色。

作为世界上第一个电视台，BBC从1936年11月2日就开始提供电视节目。在电视台出现后的初期阶段，只有少部分住在伦敦的富人家庭才有条件看上电视。这种情况一直延续到了20世纪50年代，电视才开始进入普通大众的家庭。据数据统计，在20世纪50年代初，5%左右的家庭拥有电视，短短二十年之后这个数字代表的却是还没有电视的家庭数量[2]。电视的迅速发展，在继报刊和广播之后，

[1] Holt and Mason（2000），pp.103–105.

[2] Hill（2002），p.102.

又将体育新闻报道带到了一个新的层面。同文字和广播相比，电视体育报道因为有声音和画面的同时存在而变得更加生动、直观。更为突出的是，它将运动员的形象地位升华到了“体育明星”。

在电视刚刚兴起的20世纪50年代，对足球的热爱成为了很多人买电视或者是租电视的理由。人们不仅能够从电视上看到比赛的现场报道，还能够看到电视台编辑的比赛精彩集锦。当时很流行这么一句话：当周围的朋友都在谈论着电视上的热门比赛时，你甘愿只是在一旁洗耳恭听吗？

由于自身的特点，体育从一开始就是电视台受欢迎的题材。原因很简单，相比报道一场表演或者是纪录片，体育可以说是几乎没有生产成本，而报道的内容却没有人不喜欢。花少量的钱就能满足大量的观众。在20世纪90年代，体育报道占BBC电视台所有节目总制作的15%，并贡献了17%的产出[1]。当然，不同体育项目报道费用也各有不同。网球和高尔夫的报道花费就很高，并且同电视体育起步时期相比，这两项运动的报道费用上涨了近千倍。游泳依然是一项低成本报道项目，而报道田径比赛的费用呈上涨趋势。除报道费用相对低廉以外，体育自身的魅力是节目受欢迎的关键所在。体育是力与美的完美结合。体育比赛中，无论是胜利时的欢笑还是失败时的泪水都牵动着每一个观众的心。只有体育能够在瞬间将人们的心情提到沸点。而电视台提供的比赛现场直播则为观众提供了身临其境的感觉，人们会不知不觉地对着电视机为自己喜爱的球员、球队加油呐喊。甚至有时是一场录播比赛，在不知道比赛结果的前提下，电视的神奇力量能够将人们又带回到比赛当时的情境。

很长一段时间，BBC一直占据了英国电视体育的垄断地位。直到1955年商业电视台ITV的出现，英国体育电视出现了两家并争的局面。ITV的体育节目多年以来是在星期六的下午，以摔跤和赛马报道为主；之后附加了足球预报和外国体育摘要栏目。在20世纪50年代到70年代之间，ITV的《体育世界》与BBC的《体育大看台》就是两款直接竞争的栏目。二者从内容和形式上非常接近，都大范围涉及了多个体育项目的相关报道。1982年，第四频道（Channel 4）成立；英国卫星广播公司（British Satellite Broadcasting）也随后在1986年设立。多家电视台的出现，打破了最初BBC对体育新闻报道的垄断。各个电视台也为争取独家转播权

[1] Holt（1992），pp.315–316.

而大打商战。第四频道出资5千万英镑买断了1999年到2002年的板球比赛；ITV在1984年以1.05千万英镑的价格从BBC手里抢夺了5年的田径比赛转播权；1988年ITV出资4.4千万英镑买下全国足球联赛转播权，不过他们也因此失去了1992年奥运会的转播权。

商业电视台的竞争，给体育赛事注入了商业资金，到1992年发生了有世界意义的里程碑式变化，天空电视台与体育进行了一次天作之合。英国卫星广播公司在1990年与天空电视（Sky Television plc）合并，改名为英国天空广播集团（British Sky Broadcasting Group plc），简称为Sky。Sky成立之后宣称愿意以任何价格报道足球比赛。在1992年英超创立之时，Sky用3.04亿英镑买下英超前5年的转播权❶。之后BBC也达成了重转协议，重新加入了周末体育转播的战场。Sky买下转播权后开始大力推广收费电视，免费为家庭安装卫星接收器，发送电影、体育、新闻等节目，然后收取月租费。这一举动开创了英国付费电视的新型运营模式。Sky在英国电视台中是经济实力最强的一家，在2003年英超联盟改变了转播权销售办法之后，Sky又出资10.24亿英镑独揽转播权。BBC和ITV只能在支付1.5亿英镑的情况下转播比赛集锦和片段❷。虽然2004年后在欧盟的干预下，英超转播权的出售打破了以往可以由一家公司买断的情况，但英超联盟仍然从中获得了不少的收入。

这是一个双赢的结局，一方面，足球豪门不愿意与小俱乐部厮混，要创立超级联赛，另一方面，传媒大亨鲁伯特·默多克正在为Sky电视寻找发展策略，他把英超联赛看作是“古代攻城的槌”，所以双方一拍即合。默多克以超过市值的天价合同购买转播权，实际是通过这种“让利”行为，推动英超联赛进入良性运转，反过来又为电视转播购买了优质的体育节目资源。默多克开创了“媒介体育”的产业模式，职业联赛获得了充足的资金可以购买更好的球星，使比赛更加精彩，同时，比赛又必须适应电视转播的观赏要求，球队技术风格更强调进攻，踢起了一往无前赏心悦目的“性感足球”，英超成为当今国际足坛最具影响力和吸引力的足球联赛，被誉为“王冠上的明珠”。

---

❶ Holt and Mason（2000），pp.103–106.

❷ Holt and Mason（2000），pp.105–106.

默多克旗下天空电视台垄断了英超转播权，1998年收购英超豪门曼联的行动却因为球迷、其他电视转播商及政府的一致反对而化为泡影

3. 金牌战略，英国体育的第三条道路

一边是经济萧条，另一边是物价飞涨，英国社会出现了滞胀现象。从1979年保守党领袖撒切尔夫人上台，到1990年她的继任者梅杰首相对“撒切尔主义”的坚守，再到1997年工党领袖布莱尔首相执政，他们都无一例外地在干一件事情，即消解政府大包大揽社会福利的财政负担，不管是撒切尔夫人的新自由主义，还是布莱尔的第三条道路，都立足把一些公共责任分解给社会和市场来承担。这一次，工党的政治主张向保守党一方靠拢，形成了新的“政治共识”。

撒切尔夫人和梅杰都强力削减社会体育开支，与他们在社会其他领域的思路一样，认为民众体育事务不应该由政府全权负责，社会其他组织和个人也应该承担一定的义务。20世纪60年代《沃夫登报告》所说体育供给是社会福利的思想有了一些微妙改变，政府对体育的态度不再采取“普遍撒网”的策略，而是有重点地扶持一些贫困地区与弱势群体。到1995年，梅杰政府又调整了体育工作重心，发布《体育：发展游戏》的规划报告，明确强调优先发展竞技体育和学校体育。而对城市已有的体育场馆设施的管理，也采取向社会招标办法，吸纳社会力量与资金共同介入管理。政府在这个时期颁发并实施了“强制性竞投标制度”（Compulsory Competitive Tendering，CCT），任何商业组织、私人都可以向地方政府投递标书，谁的管理策略与管理目标更加合理，并且还能投入一定的管理启动资金，谁就可能在招标活动中成为政府体育设施的管理公司，负责对这些体育设施进行运营管理。

布莱尔实际也和撒切尔夫人走在一条道路上，他的思路说到底也是避免政府对公共事务的包干做法，同时也避免公共事务被完全推向市场随波逐流，而是走由政府、市场、社会多元合作的“第三条道路”。为此，政府对体育管理部门进行了重组，1997年，“文化、传媒与体育部”（DCMS）这样一个大部成立，其下属机构——英国体育理事会（UK sport）也应运而生，随后英伦 4 个地区性的体育理事会及 49 个地方体育合作组织（County Sports Partnerships，简称CSPs）相继成立，形成了政府宏观管理、社会主导、市场参与的现行体育管理模式。

英国体育理事会（以下简称理事会）是这个管理体制中的关键点，也是英国体育机制的一个特色亮点。英国政府从1997年起出台了《大众体育的未来》《游戏计划：传递政府体育和身体活动目标的策略》一系列体育政策，设定了至2020年的体育发展目标，特别是2000年以后，把“最佳价值（Best Value）”的考核原则引入体育领域，关注体育相关政策实施后在国际名声、社会公益、经济效应、环境配套等方面取得的实际效果，考评的标准更加多元化。为此，在体育发展目标上，不仅仅关注大众的体育参与度，也关注英国在奥运会等国际大赛上的成绩表现，通过理事会这个角色设立了一个对优秀选手的资助扶持计划。

1996年美国亚特兰大奥运会上，英国在金牌榜上仅仅名列第37位，实在挂不住大英帝国的脸面了，所以理事会奉皇家宪章与政府的授命，负责实施“金牌战略”，即用体育彩票基金和国家财政拨款，派发给全国的优秀运动员与优势运动项目，以此来完成英国的夺金计划。理事会每年的专项资金为1亿英镑左右，各运动协会都要赶来切分蛋糕。在每一个奥运周期开始之前，各单项运动协会都会以翔实的材料作生动的陈述，以期分到更多的资金扶持。但理事会“绝不妥协”，他们重点是资助优势项目去奥运会上争金夺银，他们根据运动员的水平高低，把运动员分“领奖台选手”与“优秀选手”两类，分别得到不同金额的资金补贴，使他们拥有更好的训练和比赛条件。除此以外，理事会还用博彩资金资助申办大型赛事，以使更多国际赛事落户英国。

理事会像一个“英国高水平运动管理机构”，又像一个基金管理组织，他们把体育专项发展经费分解为详尽的各种计划，每一位公民都可以在理事会的官网上查询到这些资金的具体走向，实现了体育项目管理的程序化运转，做到了有章可依，有章可查。英国社会在现代200余年的体育发展历程中，经历了体育是国家福利还是私人活动的观念疑惑，也曾纠结于业余与职业的分辨难题，战后面对苏联等“国家选手”的强力竞争，英国政府却找不到资助本国选手的政策依据。现在，通过第三条道路，终于在政府、市场、社会三方面中找到了多元合作机制，在观念认知、资金分配上实现了大众体育与精英体育的平衡发展。2012年伦敦奥运会，英国以29枚金牌列第三位，2016年里约奥运会甚至以27枚金牌力压中国排名第二，运动王国曾经的声名又开始在国际体坛显赫起来。

三、战后英国部分项目发展概貌

战后英国体育遭遇了“业余”与“职业”的门户之争，这是传统社会与商业社会的资本搏弈，是上流社会与下层社会的阶级角力……时代潮流终久改变了英国的体育文化，也改变了传统英国人的运动观念与方式。对于英国的一些传统运动项目来说，这样的改变体现得最为明显。

1. 板球，“绅士”让位给“运动员”

第二次世界大战后初期，体育运动也同样没有得到重视，和战前一样，英国竞技体育的主流仍然是以自发组织为基础，由以中上阶层为主的各类业余联合会领导，业余运动员的社会地位高于职业运动员，阶层划分仍然深深植根于体育运动之中。对玛丽勒本板球俱乐部（MCC）来说，这无疑是好事。因为MCC作为一个私人的“绅士”俱乐部，从18世纪就开始承担英国板球运动的领导职能。

当时，郡级的板球比赛仍然把参赛选手划分为“绅士”和“运动员”两大类，在有些郡连比赛用的更衣室和比赛通道都划分出高低级别。在比赛记分牌上，业余运动员的名字缩写放在姓前面，而职业运动员的则放在后面，以区分参赛双方的身份。然而，很多职业运动员并不介意这种区分，如在1947年与南非的比赛中一战成名的职业运动员丹尼斯·康普顿（Denis Compton）。他说，职业运动员并不反对由业余选手担当球队领袖，却很反感部分业余选手担任球队队长后无所作为。他同时认为，像彼得·梅（Peter May）和科林·考德里（Colin Cowdrey）这样伟大的业余板球选手其实应该参与商业活动同时保留其身份❶。

阶层划分在当时的板球界是很自然的事，南部和西部比北部较为严重，特别是在约克郡地区。战争期间大部分没有阶层划分的板球队，在战后也重新对职业运动员区别对待。保守主义者也坚持在板球领域继续保留社会等级制度，因为板球在英国很多地区被视为具有文化象征的传统项目，不该变革。虽然著名业余运动员与沃夫·沃勒（Wilf Wooller）曾提议废除板球的阶层划分，然而他的个人力量在当时只是微乎其微。

在战后颇长的一段时间内，MCC所有球队的队长都被业余选手把持，即便事实证明他们的竞技水平已经很难让他们胜任这个领导角色，而他们辩解的理由是职业运动员并不愿意担当此重任。实际上，阶级优越感才是他们垄断板球队领导地位的根本原因。在英格兰地区，没有任何一种运动项目能像板球一样体现中上阶层的中心位置。保留他们在板球界的上等地位，无异于继续牢固他们的上流社会身份。板球的阶级秩序一旦改变，也意味着社会秩序的改变。他们认为，区分身份有利于社会运行，正如青少年应该追求成为大学生一样，职业板球运动员应该在业余板球选手的领导下，帮助球队取得胜利。但也有些较年轻的职业运动员不屑于阶层划分，如萨里队队员兼英格兰国手吉姆·莱克（Jim Laker）就曾公开表示异议：“厄罗雷（Errol Reginald Thorold Holmes）是我在萨里队的第一任队长，不过坦白说，他是我见过的人中最势利的一个人。”❷

1952年，职业运动员伦恩·赫顿（Len Hutton）史无前例地被委任为英格兰国家队队长，成为英国板球发展史上划时代的重大事件之一，这也是业余主义在板球运动中走向衰落的肇始。虽然赫顿很谦虚地表示自己只是过渡性的人选，等有更合适的业余选手出现时会自动让位，但他的当选是实至名归的。赫顿是英国板球史上最杰出的击球手之一，他在1938年与澳大利亚的对抗赛中创造的364次击球记录，使他成为英国人心中的民族英雄。1951年，赫顿又在与澳大利亚的对抗赛中创造了平均每场88.83次的最高击球纪录，而排在第二位的仅有38.77次。有保守派人士建议，在伦恩担当队长前，把他的身份从职业转变为业余，也被他

❶ Compton，D.. *End of an Innings* [M]. London：Pavilion，1998：105.

❷ Mosey，D.. *Laker：Portrait of a Legend* [M]. London：Qeen Anne Press，1989：65.

婉拒。赫顿带领英格兰板球队共参加了23场比赛，无一失手，后来被赐封爵士。赫顿忠于其身份——来自约克的职业运动员，但这无碍他向“绅士”的过渡，如把儿子送到雷普顿和剑桥就读，把家安到泰晤士河畔京斯敦。

英国板球界的等级观念自此有所转变，但还不足以成气候，业余选手仍然享受着比职业运动员更高等的待遇。例如，客场比赛时，职业运动员被安排到三等座位，业余选手则不但坐一等座位或者在餐吧里度过，还下榻最好的酒店，享受最好的食物。职业运动员虽然也有诸多不满，但职业板球界不像职业足球界那样有工会，有像吉米·希尔这样的领袖挺身而出带领职业运动员罢工。为了保住工作，职业板球运动员很少提出异议。

可见，真正动摇业余板球界地位，促使MCC进行改革的动力并非来自职业运动员的抗争，而是业余板球界自身实力的不断减弱，优秀的业余选手越来越少。随着公立学校学生参加板球训练的人数不断下降，组织一场“绅士”与“运动员”之间的比赛也愈加困难。1914年以前，业余选手数量约占板球运动员总数的40%，这个数字在两次世界大战期间下降到30%，1945年后，这个数字更是低于20%。20世纪50年代以后，英国精英教育制度的建立，意味着学习和考试对学生的重要性加大，更进一步阻碍了业余板球的发展。丹尼斯·康普顿认为，业余板球选手正在绝种，因为只有那些家境富裕的人能提供足够的时间和金钱参加训练，业余板球正面临经济危机。约翰·阿洛特（John Arlott）则认为，没有足够的金钱支撑，业余板球很难维持，而伪业余主义更不应提倡❶。为此，MCC不得不考虑允许业余选手比赛赚钱，同时保留其“业余”身份。这个提议曾遭到保守派的反对，但也无法停止MCC改革的进程。

板球比赛运营收入下降也是MCC开放比赛，引入资金的主要原因。1950年，有接近200万人观看郡级板球比赛，到了1960年，人数减少了一半，连原本最牵动英国人心的英澳对抗赛，观众也大幅减少。职业化和商业化无疑是解决这一困境的最佳出路。在历经一系列的制度变革后，“ MCC不再垄断英国板球，并于1968年把管理实权移交到泰斯特和英国郡级板球董事会手上。这是业余向职业“交权”的象征，从此英国板球运动进入新的时代。

❶ Marshall，M. and Dexter. E.R. . Gentlemen and Player：Coversations with Crickters［M］. New York：The Grafton Press，1987：257.

2. 田径，跑出“业余”的牢笼

板球是传统项目，自18世纪起流行于英国贵族阶层，他们的下人在遵从阶层划分的前提下，也能与主人们同场竞技。而在其他项目，如划船、橄榄球和田径，业余主义不但是划分社会阶层的界线，甚至在某种程度上成为一项社会道德准则，低下阶级完全被区别对待。因此，商业化和职业化在这几项运动中受到强烈排挤，赌博也被予以最严厉的处罚。田径也不像划船那样只有上层阶级能参与其中，所以也曾出现来自低下阶层的优秀田径运动员。如1920年奥运会800米和1500米跑金牌获得者艾伯特·希尔（Albert Hill）就是一名铁路工人。虽然希尔比其他中上阶层金牌获得者付出更多汗水，但这两块金牌并没有得到同样高度的认可。

田径运动的最高管理层是业余田径运动委员会，由各自发田径俱乐部和地方委员会推选的代表组成，因此，只有那些有充足时间和金钱维持训练的业余田径运动员才有资格代表英国攀登世界“更快、更高、更强”的高峰。自从业余体育精神形成开始，英国田径运动的管理者就是其最忠诚的拥护者。他们禁止运动员获取比赛报酬，对运动员的一切训练花费不予资助，连比赛报名、交通等费用都由运动员自理。冷战开始后，西方各国不惜重本投入国际体育大赛以抗衡苏联阵营，坚持业余原则的英国田径项目已经远落后于各西方大国。

英国田径队与美国和德国的差距早在1936年柏林奥运会上就暴露出来，1948年伦敦奥运会上英国田径队也表现平平，1952年赫尔辛基奥运会上更是陷入了低谷。克里斯·布拉舍（Chris Brasher）在1956年墨尔本奥运会上获得的障碍赛金牌已经是英国田径队自1932年来的首枚田径项目金牌。显然，这样的成绩让公众和媒体颇为不满。墨尔本奥运会5000米赛跑银牌得主，英国著名长跑运动员戈登·皮里（Gordon Pirie）公开表达不满：“英国田径走业余路线简直就是伪善的行为，这直接导致我们根本无法与外国田径运动员在同等条件下一决高下。我们无法选择田径运动作为职业并为此付出所有热情，反而常常担忧工作和收入。”❶皮里表示，他每年需要20双运动鞋，却没有得到英国业余田径委员

❶ Pirie, G.. *Running Wild* [M]. London: W.H.Allen, 1961: 31.

会一分钱的资助，别说其他性质的赞助。此外，每年参加比赛的费用高达500英镑，几乎是他一年的所有收入。皮里30岁时结束运动生涯，却无法找到一份像样的工作。他感概：“坦白说，我真不希望年轻人重蹈我的覆辙。”❶事实上，皮里想要的并非巨额奖金和出场费，不是苏联模式下的全职训练，也不是美国式的奖学金，而仅仅是对其训练提供足够的支持，使他能把潜能发挥到极致，在他成功后不要阻扰他获得适量的回报。

杰出的女子选手桃乐茜·海曼（Dorothy Hyman）是1960年罗马奥运会100米短跑银牌得主，她也深受业余主义教条的制约。出生于约克郡，父亲是一名矿工，海曼备战奥运会的条件相当恶劣，没有煤渣跑道，没有照明灯，没有室内设施，没有洗浴室和队友，一个月仅接受一次专业指导。尽管这样，她排除万难成为世界有名的短跑选手，几乎击败当时如日中天的美国运动员威尔玛·鲁道夫（Wilma Rudolph）。然而，业余原则让海曼甚至无法把她的成功经历出版成书，以获取一些金钱回报。和皮里一样，海曼并不稀罕成为职业运动员，她认为：“我并非利用‘争胜’赚钱，但我觉得接受外部商业赞助、出书、代言体育器材等行为并不破坏田径运动的业余主义精神。”❷

不单运动员，英国大众对田径项目坚持业余主义导致奥运成绩一蹶不振也提出越来越多的质疑，田径业余主义者却不以为然，他们仍然认为业余主义是体育运动的最高信仰。当美国开始投入大量资金，利用大学奖学金系统培养优秀田径运动员，以俄罗斯为首的共产主义阵营国家则通过层层选拔，从全国挑选优秀运动员的时候，英国田径管理者仍然无动于衷。时任业余田径联合会主席的埃克斯特侯爵第六世大卫·乔治·伯利在1958年的年度会上还在强调职业和业余的不同，他形容职业体育是赚取面包的机器，而业余体育则是快乐的休闲活动。障碍赛选手约翰·迪斯利（John Disley）则认为，在场的运动员显然对他的言论大为不满，但他们的声音实在太微弱了❸。然而，伯利又不得不承认，很多田径运动员只能依靠接受出场费来支撑比赛开销和训练器材支出。与皮里和海曼的想法一致，迪斯利反对田径运动的职业化，但运动员成功后获取商业利润是合情合理

❶ Pirie，G. 1961：33.

❷ Hyman，D.. *Sprint to Fame* [M]. London：Stanley Paul，1964：118.

❸ The Minutes of oral evidence was presented to the Wolfenden Committee on 12 May 1959.

的。来自牛津的克里斯·查塔韦（Chris Chataway）在罗马运动会后更是一针见血地指出：“业余‘绅士’选手参加奥运会田径项目，在一战前或许还能有盼头，但现在显然是行不通的，英国田径运动应该马上放弃业余原则。”[1]

随着20世纪60年代电视进入千家万户，购票入场观看田径比赛的观众急剧减少，即使重要赛事也只能勉强卖出千余张门票。运动员的经济问题仍然无法得到解决，而田径运动管理层却也不得不接受电视台和商业机构的赞助以勉强运营下去。70年代，马拉松和慢跑风靡全英，但业余田径联合会却濒临破产。1974年，体育援助基金会成立后，田径运动员的经济问题才得以解决。

20世纪60年代英国涌现了多位优秀女子业余田径选手，奥运银牌获得者海曼是其中最有名的一位。当她戴着奖牌回到约克郡的小镇卡德沃斯镇时，受到1.5万名群众和铜管乐队的热烈欢迎。海曼收到无数的鲜花和掌声，还有一位13岁女孩为她写的赞美诗，并获到《BBC体育》颁发的1963年“年度最佳风尚奖”。1964年东京奥运会上，中长跑选手安妮·帕克（Anne Packer）赢得800米冠军，玛丽·兰特（Mary Rand）成为首位取得田赛金牌的英国女子田径选手，并因此赢得《BBC体育》颁发的1964年“年度最佳风尚奖”。此外，莉莲·勃德（Lillian Board），玛丽·彼得（Mary Peter）也是这一时期有名的女子田径选手。事实上，媒体对于这批女子选手的优异表现的大面积报道，已经清楚地展露出田径运动的商业前景，只是业余原则一再成为其发展障碍。

当然，期间也有好几位值得尊敬的男子田径选手，包括阿伦·帕斯科（Alan Pascoe）和林恩·戴维（Lynn Davies），还有1968年获得400米障碍赛金牌的大卫·赫梅吕（David Hemmery）。即使他们的名气很快就传遍英国并且获得很高的媒体曝光率，但体育运动仍然无法为他们带来更多收入。为此，在1972年阿伦·帕斯科、林恩·戴维联合其他选手向业余田径联合会发出一份公开信，表达了提高田径运动员待遇的诉求。这封信最终徒劳无果。20世纪70年代末，塞巴斯蒂安·科（Sebastian Coe）、史蒂夫·奥维特（Steve Ovett）、史蒂夫·克拉姆（Steve Cram）、戴利·汤普森（Daley Thompson）等选手几乎垄断了奥运会上的中长跑项目，他们也因此多次获得《BBC体育》颁发的各种奖项。

---

[1] Daily Express，10 May 1960.

英国著名中长跑运动员、莫斯科奥运会800米跑冠军获得者史蒂夫·奥维特是20世纪七八十年代家喻户晓的体育明星

英国著名中长跑运动员塞巴斯蒂安·科（359号选手）获得1984年洛杉矶奥运会1500米跑金牌，蝉联奥运冠军，是20世纪80年代大放异彩的明星

虽然业余田径联合会严令禁止田径选手接受任何商业赞助，但部分运动员私下接受出场费和代言费的“伪业余主义”从20世纪六七十年代开始已经是半公开的秘密，尤其是来自社会下层的选手。直到80年代，黑人田径选手比重明显增大，成为英国田径竞赛中举足轻重的新生力量。可见，业余主义的逐渐解体，商业活动的逐步介入，为来自中下阶层的田径运动员提供了越来越充足的训练条件，也是挽救英国田径运动的重要驱动力。在20世纪七八十年代，田径运动员通过商业活动获取的回报集中在广告费、赞助费和出场费三个方面。运动员出场费的数额并不大，比如，5000米世界冠军大卫·贝德福德参加大型田径比赛的出场费也就大概500英镑。值得一提的是，当时英国田径就开始出现经纪人，如安迪·诺曼。他们不但为国内运动员运作商业利润，还不断试图引进国外运动员。

科、奥维特、克拉姆三位运动员在20世纪80年代的大放异彩和电视媒体及商业机构的全面介入，标志着英国田径业余主义的全面崩溃。1980年莫斯科奥运会上，在奥维特惊人地获得800米金牌的数天后，科紧接着获得1500米金牌。而4年后的洛杉矶奥运会上，科再次获得该项目金牌，同时超越克拉姆并刷新奥运纪录。在这两届奥运会期间，英国田径得到电视媒体的大量曝光，而科和奥维特则是其中的主角。商业机构甚至为两人专门安排对抗赛。在电视媒体的特别剪辑下，他们以英雄形象展现在全英国观众眼前。

在1982年正式改变业余原则限制之前，英国的路跑活动已经率先走上商业化道路。值得一书的就是伦敦马拉松赛，这个1981年才创立的赛事如今成为了世界四大城市马拉松之一，具有很高的关注度与影响力。

伦敦马拉松赛创办人之一克里斯托弗·威廉·布拉舍（226号跑者）
曾获得1956年墨尔本奥运会3000米障碍赛金牌

伦敦马拉松赛由英国著名中长跑运动员、定向越野运动的先驱者、《观察家报》体育记者克里斯托弗·威廉·布拉舍（Christopher William Brasher，1928—2003）和威尔士中长跑运动员约翰·艾弗·迪斯利（John Ivor Disley，1928—2016，曾获得1952年赫尔辛基奥运会3000米障碍赛铜牌）共同创办。布拉舍参加了1979年纽约马拉松赛，赛后，他深为纽约马拉松赛的参赛人数之众和热烈氛围所打动，从而萌生在伦敦举办马拉松赛的想法。1980年，布拉舍和迪斯利赴美考察纽约马拉松赛和波士顿马拉松赛的组织和财务状况。这年年底，布拉舍从吉列公司获得5万英镑的赞助款，使伦敦马拉松赛得到了资金保障。数月之后，以吉列公司名义冠名的首届伦敦马拉松赛成功举办。1983至1987年，布拉舍因为运动成绩与组织马拉松的声望，担任了国际马拉松和远途竞赛联合会（The Association of International Marathons and Distance Races，缩写为AIMS）的第二任主席。

1981年3月29日，首届伦敦马拉松赛开跑。这届比赛有超过2万人报名参加，6747人获得参赛资格，6255人完成比赛。比赛结果，美国选手迪克·比尔兹利和挪威选手英奇·西蒙森携手同时通过终点，以2小时11分48秒的成绩共同获得冠军，创造了一段田坛佳话。后来，越来越多的马拉松爱好者参加这项赛事。据统计，截至2009年，历届完赛的选手达到746635人。2010年，有36549人坚持至终点。2017年的参赛者超过4万人。

2名选手同时通过终点线并列冠军，同时走上领奖台的场景

1982年，国际业余田径联合会改变了传统的“业余”运作概念，并于1985年启动信托基金，把田径运动向更多有天赋的运动员开放。然而，直到1989年英国田径联合会的成立，田径运动业余主义原则才正式宣告终止。此后，英国田径运动从最初所谓的业余体育运动逐渐地转变成为经济利益驱使的体育运动。但这种运营模式的弊端是仅有部分成功的运动员获得巨额回报，而大部分运动员获利甚少。而所谓成功的田径运动员，不单是赛场上的胜利，还包括在电视媒体上可观的曝光率。来自南非的潜力新人，白人运动员左拉·巴德（Zola Budd）就是最好的例子。得益于《每日邮报》的大幅报道，她轻松获得史上最高的9万英镑赞助费还顺利入籍英国，以代表英国对抗美国选手玛丽·史兰尼（Mary Slaney）。巨大的利益诱惑促使更多年轻运动员愿意付出努力和汗水，尤其是对于黑人运动员，田径赛场成了他们获得成功的一条重要通道。遗憾的是，成功永远只属于小部分人，因为在田径赛场上，大众关注的往往只有最佳运动员，而在金字塔顶以下的其他田径运动员，仍然面临残酷的现实。

3. 橄榄球，职业冲垮业余防线

20世纪80年代业余主义在田径项目的日渐没落，同样发生在20世纪90年代的橄榄球运动中。橄榄球联合会从来就是纯业余性质的组织，即使在两次世界大战期间，出现过业余运动员和职业运动员共同效力军方服务队的短暂历史时刻，但随着二战的结束和社会相对稳定，业余原则又重新严格地把职业运动员区分开来。例如，格雷戈里（J.A. Gregory）被禁止参与橄榄球联合会的任何赛事，仅仅因为他在战争期间曾代表哈德斯菲尔德参加了一场橄榄球联盟的比赛，而实际上格雷戈里在那场比赛后没有获得一分钱的经济回报。重新强调业余原则，实质上也是中上阶层保住上流社会地位的一项重要举措。

为橄榄球联合会效力的运动员除了得到数额极少的经费补贴外，没有其他收入。在英格兰和苏格兰，由于橄榄球长期以来是中产阶级的专属运动，因此业余原则是极受拥护的。但在威尔士就相对没有那么严格，原因是那里的参与者更多地来自低下阶层。虽然参与橄榄球运动没有直接的金钱回报，但效力有实力的球会，仍然是有利可图的。优秀的运动员往往被安排到待遇优厚的工作职位，而且在体育商业市场没有打开的时候，橄榄球已经是很好的社交工具，橄榄球是运动员、球会和社会人士的联系纽带。例如，约翰逊新闻集团主席马尔科姆·皮尔斯（Malcolm Pearce）一直是巴斯俱乐部的支持者，于是他十分乐意帮助球会的优秀运动员在其集团内安排工作职位。但这种现象从90年代开始出现减弱的趋势。

二战后，威尔士的业余橄榄球开展得最为红火，不仅有来自矿工家庭的广大青年，还有当地大学预科学校的学生，都把橄榄球作为第一运动。相当部分的优秀橄榄球运动员就是来自威尔士的大学预科学校，这些学校的校长和教员对橄榄球都相当重视。如贯则斯预科学校，就是威尔士橄榄球运动员的温床。该校涌现了很多英国人家喻户晓的优秀运动员，如20世纪50年代的佳耦·詹姆斯（Carwyn James）、60年代的巴里·约翰（Barry John）、70年代的加雷思·戴维（Gareth Davies）和80年代的乔纳森·戴维（Jonathan Davies）[1]。但在20世纪70年代，随着撒切尔政府的上台，很多大学预科学校的发展进程及办校理念开始慢慢转变，

[1] *Independent on Sunday*, 9 January 1984, p. 8.

橄榄球也开始受到冷落，校长和教员再也没有把发展橄榄球作为当地的传统风俗传承下去。此外，煤矿业和炼钢业下滑，也是导致威尔士业余橄榄球成绩开始下滑的重要原因。在五国赛上（由英格兰、爱尔兰、苏格兰和威尔士再加上法国队参加的比赛，亦称欧洲五国赛），威尔士的球队不得不面对来自法国队等球队的严峻挑战。

电视年代的到来使橄榄球五国赛成为人们最热爱的体育电视节目之一，赞助商和广告商纷纷涌入，再加上国际社会对大型橄榄球比赛的渴求，首届橄榄球世界杯终于在1987年揭幕。1991年和1995年世界杯都获得很大成功，橄榄球成为商业市场有利可图的体育活动，职业运动员因此收入激增，但业余原则让一些国家的运动员未能从中获得任何利益。1995年8月，国际橄榄球委员会在巴黎做出历史性的决定：取消橄榄球运动的业余原则。

英国橄榄球马上被职业化，大部分球会转变为公司性质，不再实行业余传统下的会员制。球员身价也飞速上涨，如明星球员罗布·安德鲁（Rob Andrew）与纽卡斯签订了75万英镑的5年合同，帮助纽卡斯赢得1998年的全国冠军。但由于门票收入并未如愿大幅提高，纽卡斯球会因此差点破产。其他球会管理层也开始对金钱投入谨慎起来，追求回报逐渐成了球会的最终目标。球会支付明星球员高额薪水的同时，却限制他们参与球会以外的比赛，包括代表国家参加世界大赛。

无论怎样，卫星电视和职业化实际上并没有完全破坏英国业余橄榄球的传统，而有些传统或许永远都不会被改变。随着2000年意大利的加入，五国赛变成六国赛，现场观众的热情没有丝毫减退。威尔士球迷仍然热衷于跟随主队的客场比赛，三五成群地出现在爱丁堡、巴黎和都柏林等，住在青年旅馆，还顺便光顾当地的酒吧。当法国、苏格兰或英格兰球队到威尔士作客比赛时，威尔士球迷同样欢声笑语，甚至喝个痛快后，聚集在赛场上为主队助威呐喊。

然而，英国业余橄榄球的后备力量已经出现很大程度的萎缩，特别是在校学生的参与人数急剧减少。威尔士的情况较为严重，但其他地区也受到不同程度的影响。如在苏格兰，根据苏格兰橄榄球联合会的统计，在1983年约有1.5万，在校学生参与橄榄球，而这个数字在1987年下降至不到6000人❶。相反，橄榄球俱乐部则自20世纪80年代起急剧膨胀，英国橄榄球联合会在20世纪80年代拥有下属

❶ Sports Council，*Digest of Sports Statistics for the UK*［M］. London：Sports Council，1991：7.

俱乐部超过2000个。英国青少年参与橄榄球的主要形式从学校转移到俱乐部，意味着业余主义追求的“体育精神”已经成为过时的社会风气。

4. 网球，“公开”走上职业道路

网球对英国中产女性来说，就像橄榄球对中产男性一样重要。橄榄球运动用活动场地区分社会身份，而网球在很大程度上能融合不同性别和社会阶层的人共同参与。网球俱乐部也是很好的社交场所，尤其是在二战后迪斯科酒吧和夜店还没盛行时。“温布尔登”一直是关于英国网球使用频率最高的一个词汇，温布尔登网球公开赛则是最受英国人欢迎的业余网球活动。网球运动也是最受英国女学生喜爱的体育运动，她们在学校就能接受教练的指导。女性会员在网球俱乐部的比重越来越大，而且中年女性参与的趋势越来越明显。

网球运动中女性参与活跃的特点与高尔夫球也有点相似，但最大的不同是高尔夫球俱乐部不会禁止职业运动员参加比赛。和板球一样，高尔夫球在18世纪就开始盛行，职业运动员从此就占据一席之地，而起源于维多利亚时期的草地网球则一直坚守业余主义原则。英国网球在维多利亚和爱德华时期占据世界竞技水平的统治地位，但其后慢慢被法国、美国和澳大利亚超越。总的来说，女子网球运动员的成绩比男子运动员好，如弗雷德·佩里（Fred Perry）在20世纪30年代取得的成就被认为“前无古人，后无来者”。

英国著名网球运动员、1934—1936年温网男单三连冠选手弗雷德·佩里（1909—1995），也是网球历史上首位成就大满贯的巨星（1933年美网、1934年澳网、1935年法网与温网），1937年他转入职业赛场，追逐更高奖金

创立于1877年的温布尔登网球赛，是4大满贯赛中最古老的一个，也是其中唯一的草地比赛 。有趣的是自佩里三连贯后，温网像形成了一个魔咒，再难有英国选手在自己创立的这项赛事中夺冠。直到2013年，英国选手穆雷战

胜了德约科维奇夺冠，终于改写历史，结束了英国人长大77年对温网冠军的翘首等待。温网的发展历史也像竞赛一样曲折起伏，始终面临业余原则与职业发展之间的纠结。

由于业余后备力量变薄弱，英国网球的竞争力从20世纪50年代开始急剧下滑。英国草地网球协会（LTA）虽然希望保持温布尔登网球公开赛的激烈程度，但仍然坚持业余原则，而没有重视职业主义的渗入和蔓延，导致很多优秀运动员不得不选择出国淘金。20世纪60年代初期，参加温布尔登网球公开赛的运动员人数逐年减少，连1962年的“大满贯”罗德·拉沃（Rod Laver）也选择参加职业联赛，这无疑给温布尔登网球公开赛的业余原则当头一棒。另外，东欧国家也开始着手准备培养专业运动员参与温布尔登网球公开赛。这些运动员算不上职业运动员，但接受专业训练，又比业余运动员技高一筹。

1949年比赛时座无虚席的温网中心球场的场景，但业余原则使这项赛事陷入发展僵局

在这双重压力下，温布尔登网球公开赛不得不于1968年打破业余原则。随着拉沃的回归，温布尔登网球公开赛重新成为全英国最受欢迎的网球赛事。放开业余原则的温布尔登网球公开赛无疑是商业机构的宠儿，比赛的奖金也随之飙升，1980年的奖金不到30万英镑，1993年已经涨到500万英镑，英国草地网球协会（LTA）的利润也从20万英镑涨到超过1600万英镑，13年间，英国草地网球协会至少赚取1亿英镑。如今，温布尔登网球公开赛更是名声响亮，既有巨大的商业资金赞助支撑，又流传了悠久的赛事文化传统，成为世界网球的顶级赛事。

另一个值得关注的古老运动项目就是羽毛球，全英羽毛球公开赛（又称为全英羽毛球锦标赛，The All England Open Badminton Championships）是世界上最早的羽毛球比赛，在1977年国际羽联举办正式的世界锦标赛之前，全英羽毛球公开赛一直被看作为非官方的世界锦标赛。

英国羽毛球著名选手伊丽莎白·贝蒂·尤伯于1938年参加全英赛比赛的场景

全英羽毛球公开赛创办于1899年，最初3届比赛名称叫做英格兰公开赛，后更名为全英公开赛。尽管现在不是世界上奖金最高的赛事，但仍然有很多顶级选手愿意去参加，他们看重赛事悠久的历史，如果能在冠军榜上留下自己的名字，是一件无比荣耀的事情。因为在英国羽毛球运动的深厚历史中，涌现了很多伟大的选手，尤伯就是其中最值得铭记的一位。

伊丽莎白·贝蒂·尤伯（Elizabeth "Betty" Uber，1906—1983），20世纪英国著名羽毛球选手。1930年至1952年间，尤伯曾获得13项全英赛冠军，包括1项女单、4项女双、8项混双冠军。1950年，尤伯提出了举办世界女子羽球团体锦标赛的主张。1957年，世界女子羽球团体锦标赛在英国兰开夏举行，尤伯主持了抽签仪式。为纪念她对世界羽毛球事业的贡献，世界女子羽球团体锦标赛的冠军奖杯被命名为“尤伯杯”（Uber Cup）。同样，创办于1948年的世界最高水平的男子团体赛——汤姆斯杯，也是为了纪念英国人乔治·汤姆斯（George Thomas），他是英国著名羽毛球运动员，1934年被选为国际羽联第一任主席，他提议并捐赠奖杯创立了这项男团赛事。由此可见，世界羽毛球运动与英国有着密不可分的历史渊源。

5. 尾声，《烈火战车》的古老呼唤

现代社会营造了商业文化的生长空间，在这样的公共空间中，竞技表演实际上是一次商业交换，高水平运动员在市场经济体制下自然向职业选手身份转化，他们面对赶来赛场的众多娱乐消费者，通过技艺表演赢得社会名望与一份商业利

益回报。坚守业余与自愿原则的英国体育传统，在商业浪潮的冲击下，也不得不走上商业化、职业化之路。于是，在英国体育全面走进“商海”之时，也就有了对古老体育传统的呼唤，《烈火战车》用深情的故事，叙述了业余时代人们参加竞赛的纯真动机，再次把“人为什么运动”的原初问题提交社会思考。

1981年上映的英国电影《烈火战车》，是迄今唯一获得奥斯卡最佳影片奖的体育电影，反映了20世纪20年代2名奥运冠军的故事。一是英籍犹太人哈罗德，他为自己的种族而跑，要用胜利证明犹太人的尊严，用一枚奥运金牌对抗种族歧视。另一名出生在中国传教士之家的主人公埃里克，则是虔诚的信仰者，他为信仰而跑。在奥运会选拔赛上，埃里克险胜哈罗德，在哈罗德无奈绝望之时，意大利职业教练萨姆被他的拼搏精神感动，出面指导训练，帮哈罗德缩短最后两码的差距。两人一同参加1924年巴黎奥运会，但奥运会百米预赛却安排在星期日举行，埃里克遵守安息日不得工作的教义决定放弃比赛，尽管领队劝他为了国王的名誉而跑，埃里克仍然回答说：“国家、国王都是上帝创造。”最后林赛勋爵把400米参赛资格让给了埃里克，使他以破记录的成绩夺得400米冠军。哈罗德则战胜强大的美国选手赢得了百米决赛。值得一提的是，埃里克在奥运会结束后又回到了中国传教，1925年他带着英国体育场图纸，指导修建了天津新民园体育场，最终在抗战期间逝世于日本的集中营。

来自于宗教赞美词汇的“烈火战车”，本身就是宗教故事中的一个神迹，闪耀着信仰的光彩。正如埃里克台词所说：“我相信神造我是有目的的，我在跑步时感到他的喜悦。”比赛胜利的喜悦都是短暂的，信仰才是推动他们不懈奔跑的力量。这个充斥着英国古典主义色彩的故事，呼唤着英国古老的运动传统，在体育商业时代，被金钱、名利异化的运动比赛，需要重新注入高尚的品质。

4

第四章

凯尔特传统，英伦三地的特色体育

外国人很难理解“英国式”的真正含义，仿佛“大不列颠联合王国”就是铁板一块，是一个民族文化传统一致的整体。其实在大不列颠和爱尔兰岛内，民族差异是体育中的大事。爱尔兰与苏格兰、威尔士是古凯尔特人的后裔，可以用“凯尔特爱国主义”来归纳几个地域的人们的不同归属感。其中三地的体育态度又略有不同：爱尔兰是英格兰体育（英式运动）的坚决抵制者，他们历史上甚至明文禁止英式运动，提倡本民族的盖尔运动；苏格兰和威尔士的态度就要温和得多，他们并不完全拒绝英式运动，但又通过与英格兰之间的体育比赛来表达自己独有的“国家”意识，把英格兰看成“外国”，运动比赛成为这种集体对抗情绪的重要表达渠道与载体，所以历来苏格兰与英格兰之间的足球比赛都特别火爆。苏格兰人通过足球与“宿敌”英格兰一决高低，而威尔士人则痴迷于橄榄球，以此来体现自己在文化认同方面的差异。

一、爱尔兰的盖尔运动

公元前55年罗马军团登陆不列颠后，古凯尔特人的一个支系戈伊德尔人拒绝被征服与同化，迁徙到了爱尔兰，逐步形成了爱尔兰盖尔人，他们讲盖尔语（Gaelic），开展自己的民族传统游戏，坚守着自己民族的文化，特别是到19世纪晚期，盖尔式体育被推到爱尔兰人对英国文化新一轮抵制的风口浪尖。起先，城市中一群受过良好教育的精英领导了乡村平民主义运动，运动愈演愈烈，在威斯敏斯特，他们利用无记名投票的形式，组织了第一次声势浩大的爱国集会。斗争的目标是推翻英裔爱尔兰地主，确立农民的所有权。运动得到了农民的支持，帕内尔（Parnell）成了国民领袖。这次运动之所以受人瞩目，与爱尔兰更大范围的现代化有关。问题的核心在于：铁路的修建、电报带来的识字率上升、旋转印刷机、公路交通的改善，这一切都为爱国主义的兴起和现代化进程打下了基础，也使英国商品和习俗迅速普及。乡村的闭塞一度使爱尔兰远离了英国文化的影响，然而这一切正在土崩瓦解。“内讧，辱骂，忏悔节和复活节斗鸡用的工具，在这20年里，都一去不复返了。”曾经是流行娱乐核心的集会市场，也越来越注重商业活动。身为爱尔兰天主教的中流砥柱，克罗克大主教给人们敲响警钟，厉声斥责这些“令人不安的丑陋事实，那就是我们不仅每天从英国进口成品，还有它的时尚、口音、邪恶的文学、音乐、舞蹈、各种规矩、运动及消遣，在我看来，这完全败坏了我们自己的伟大的国民运动，让我们古老土地上每个正统子孙都对他们卑躬屈膝”❶。

---

❶ Mandle，W. F. “Sport as Politics”，in Cashman and McKernan，1979：pp. 100–101；Mclcolm，E. B. “Popular Recreation in Nineteenth Century Ireland”，in MacDonagh，Mandle，and Travers，1985；*Irish Culture and Nationalism，1750–1950*；Canberra：MacMillan in association with Humanities Research Centre，Australian National University，pp. 40– 45.

因此，爱尔兰爱国主义政治团体齐聚一堂，于1884年11月1日成立了的盖尔运动协会（英语：Gaelic Athletic Association，简称GAA）。宗旨是复兴因为“外来运动”影响而式微的民族体育运动，推广盖尔式足球、板棍球、盖尔式手球及跑柱式棒球等爱尔兰传统的盖尔运动。除体育运动项目以外，协会还推广爱尔兰传统的语言、音乐及舞蹈，成为爱尔兰最大的民间组织，在爱尔兰600万人口当中，坐拥80万名会员。盖尔式足球和板棍球是盖尔运动中最流行的两项代表性运动项目。

摄于1918年的德诺盖尔式足球队

德诺是位于爱尔兰东部米斯郡的一个乡村。德诺盖尔式足球队获得1917—1918年度的一项地方联赛的冠军奖杯——克罗蒂杯。图为球队成员当年拍摄的全家福，立于前排队员中间的为克罗蒂杯

（图片来源：爱尔兰国家博物馆官方网站）

盖尔式足球（英语写作Gaelic Football）自16世纪就流行于爱尔兰，起初在各教区代表队之间进行比赛，每队由25~100人组成，没有详细比赛规则，以一方将球带过对方教区地界为胜。19世纪上半叶，迈克尔·库萨克（Michael Cusack）成为这项运动发展的关键人物，他是一个农民之子，说爱尔兰盖尔语，自诩为爱尔兰人的表率。尽管库萨克的同学们常常讽刺他是个只会死记硬背的学生，但他却发明了在同一场地玩盖尔足球与板棍球的方法，也说明这两项运动本身有着特殊的历史渊源。1884年随着盖尔运动协会的成立，对比赛规则进行了详细规定：球场长420~480英尺（128~146米），宽252~300英尺（77~91米），两端球门为“H”形，高16英尺（4.9米）、宽21英尺（6.4米），中间横木离地8英尺（2.45米），下置网。比赛用球比美式橄榄球小一些，形状是圆形而不是橄榄形。比赛方式有点像橄榄球与现代足球的结合体，与我们熟知的足球运动之间最大的差别，就是允许很多手部触球动作，球员向前推进时，可以用脚或者手运球，然后用脚踢球或者用手捶击传给其他队友。比赛分为上、下半场，每半场各30分钟。每队的编制为1名守门员、6名防守球员、2名中场球员、6名进攻球员。得分方法是将球射进2.45米高横木下的球门网中，可赢得3分，如果球高过球门横木，只得1分。现在，每年9月中旬到都柏林的克罗克公园体育场，观看全爱尔兰盖尔式足球冠军总决赛（All-Ireland Senior Football Championship），成为爱尔兰最盛大热闹的体育景观。

板棍球（英语：Hurling），又称爱尔兰曲棍球，流行于爱尔兰及侨居美国的爱尔兰人中间。因为历史发展过程中与盖尔足球有特殊渊源，早期通常在同一场地开展，所以有很大相似度，球门都是“H”形，是一种介于常规曲棍球和盖尔足球之间的一种运动形式。场地长约140码（128米），宽约100码（91.5米）。“H”球门的形状大小与盖尔足球一致，横木离地也是8英尺。球为实心小球，是真皮包裹的硬球。球杆长3英尺（0.91米），球杆的球头呈扁平状。两队各15人参加。比赛时，可将球托在球杆上奔跑或猛击传给己方队员，或者用球杆击打形成直接射门。射门打进横木下的球网得3分，从横梁上方穿过得1分。比赛分成上、下半场，比赛时长因赛事级别稍有区别——全国性比赛70分钟，地区性比赛60分钟，青少年组比赛50分钟，在规定比赛时间内得分多者为胜队。

获得1917年度全爱尔兰板棍球冠军的都柏林大学板棍球队
都柏林大学板棍球队成立于1900年。1917年10月28日，
该队在全爱尔兰板棍球锦标赛决赛中击败对手，勇夺冠军
（图片来源：爱尔兰盖尔运动协会官方网站）

板棍球比的是“童子功”，要从小锻炼才能培养娴熟的技巧，特别是很难掌握不用手将球举到棍子上及跑步时保持平衡的技巧❶。19世纪60年代，很多地区成立了板棍球队，而1887年开始举行的全爱尔兰板棍球锦标赛是这项运动的重头大戏。

事实上，英国人从未给予盖尔运动足够的重视。一开始，盖尔运动协会（GAA）在文化及特定政治层面上都表达了对英国的强烈不满，在不列颠群岛和帝国历史上，盖尔运动成为利用体育表达民族情绪的典型案例。不仅如此，盖尔运动协会禁止任何人参与外国运动即英式运动，在其组织的活动中也没有英式体

❶ Greene, D. "Michael Cusack and the Rise of the GAA", in O'Brien, C. C.. *The Shaping of Modern Ireland.* London: Routledge & Kegan Paul, 1960: 77; Garvin, T.. *The Evolution of Irish Nationalist Politics.* Dublin: Gill & Macmillan Ltd, 2005: 64; McGurk, T.. "The Last of the Craftsmen" [M]. *Hibernia*, 1980: 27.

育比赛。皇家爱尔兰警队或都柏林警局的成员被禁止表达任何的英式运动爱好。这项坚决的禁令维持了长达80年之久，它大胆挑战在世界其他地方越来越受欢迎的英式运动，并取得了一定成效。当爱尔兰共和国兄弟联盟接手时，这项禁令在1887年的盖尔运动协会大会上得以通过，并在接下来的几年中成为爱尔兰文化与传统体育的强悍守护者。

盖尔运动协会成立初期，男人的骄傲，高超的运动技巧，以及政治信仰，相互交织存在于体育之中。在爱尔兰南部的科克郡，有一支爱尔兰板棍球的著名球队，名叫雷德蒙斯，据说是为了纪念帕内尔的继承人。然而英国人对这种为了胜利不顾一切的精神不屑一顾，他们戏称这支球队为“运动红人”。国民领袖帕内尔死后，独立、武装起义等社会动荡也引发球队之间内讧，情况曾经变得一片混乱。不过，尽管内部分歧不断，盖尔运动协会还是在19世纪90年代不断壮大，到1901年，已经有41支俱乐部球队，共计超过一万名会员（这些数字来自保守估计，而且不包括都柏林地区）。随后在全爱尔兰锦标赛时，有多达8万名观众前往都柏林国家体育馆克罗克公园观看板棍球或足球比赛，大家热情高涨，爱国主义情绪达到了高潮❶。

科克郡也是盖尔运动开展的一个中心，1904年新盖尔运动馆竣工开幕，前来的观众有两万之多。这座城市拥有3支板棍球队，不同教区使他们彼此充满竞争的敌意。河流将城市一分为二，北边有格伦流浪者俱乐部，南边有巴尔斯俱乐部，同时在附近的黑岩也有著名的洛矶山俱乐部。不过，在与其他郡县比赛时，他们不得不暂时抛下仇恨，将各自最好的球员聚集在一起，为城市争光。板棍球的球棒成为爱尔兰自由的标志，是赶走英国人的武器。在帕内尔的葬礼上，两千个球棒被涂上民族色，悬挂在空中。盖尔运动同样也是在国外的爱尔兰人尤其是美国爱尔兰人爱国的一部分。圣帕德里克日（St.Patrict’s Day）成为爱尔兰人每年一度的节日。在这一天，爱尔兰人都会举办盖尔运动比赛和射击比赛❷。

---

❶ Garvin，（2005），p. 91.

❷ Horgan，T. . *Cork’s Hurling Story*［J］. Cork：The Collins Press，2010：13–17；Park，R. B. “British Sports and Pastimes in San Francisco 1848–1900”［M］. *BJSH*，1984：311.

位于爱尔兰首都都柏林的克罗克公园体育场

克罗克公园体育场是爱尔兰规模最大的体育场，所有权属于爱尔兰盖尔运动协会（Gaelic Athletic Association），亦为该组织总部所在地。该体育场主要用于举办盖尔式足球和爱尔兰曲棍球比赛，通常情况下，每年的全爱尔兰盖尔式足球锦标赛和板棍球锦标赛的决赛都安排在该体育场进行。克罗克公园体育场能够容纳8.23万名观众，是欧洲第三大体育场（位于西班牙巴塞罗那的诺坎普体育场是欧洲第一大体育场，英国伦敦的新温布利大球场是欧洲第二大体育场）

（图片来源：爱尔兰盖尔式体育联合会官方网站）

盖尔运动成为爱尔兰表达政治主张的载体，也是爱尔兰故园情怀的诗意表达，这在作家卡伯里（Carbery）的文学作品中得到体现。卡伯里与盖尔运动协会同年出生，他先在都柏林和伦敦做过一段时间公务员，之后回到老家科克郡，成为海关官员，参与盖尔体育比赛。卡伯里是位简单、坚定而又感情丰富的爱尔兰爱国者。他最喜欢沿着乡间小道骑着小摩托，哼着小曲，从一场比赛赶到另一场，歌唱树篱上的小鸟和板棍球运动员等所有的爱尔兰事物。他的作品丰富，不仅关于运动，还包括其他所有他收集的爱尔兰话题。因此，读者很喜欢他的作品中田园风光和现实光怪陆离的组合❶。对卡伯里来说，盖尔式运动与爱尔兰式的生活和性格紧密相关。在盖尔运动员的传记中，他曾经歌颂了一位来自党噶温的

❶ Hopkinson, M. A. *The Irish Civil War of Independence* [M]. Toronto: Mcgilligan Books, 2004. Mandle. W. F. “The GAA and Popular Culture”, in MacDonagh, Mandle, and Travers, 1985: 159-165; Mehigan, P. D.. *Vintage Carbery* [M]. Dublin: Beaver Row Press, 1984: 67, 81.

布商，那是位盖尔运动冠军，“一辈子都过着典型的爱尔兰生活”，就像“某个古老的爱尔兰将领，语速很快，慷慨的手传递着热情”。最终，卡伯里的爱国热情将他送进了监狱，在被爱尔兰王室警吏团关押的最后日子里，这位年老的武士吃尽苦头。

爱尔兰提倡盖尔运动，抵制英式运动，但英式运动并没有就此凋零。事实上，英式运动不仅被保存下来，甚至还取得了合理化发展。爱国者的反对无法阻止地主阶级参与英式运动，或许反而还会刺激更多的人加入。一开始，爱尔兰的淑女名媛在高尔夫和网球方面表现突出。这类运动很适合乡村小屋的环境，提供了除打猎之外的选择。作为英国游戏文化的代表项目，打猎在这些群体中流行，因为没有什么能比骑马穿过农民的土地来更好说明他们主人的身份。尽管小农仇视，这些人的打猎兴致仍然不减。例如，1854年至1913年间，西米斯县诺克托佛村庄出了一位精通打猎的爵士，这位爵士家中的女性不仅以美貌闻名，网球和骑射同样十分优秀。这就是爱尔兰乡村的休闲社交，它以一种温和的方式在独立战争和动荡中得以流传，打猎帮助这些地主们打发时间，保持和邻里的友谊。

在田径方面，爱尔兰运动员同样成绩斐然，在1885至1912年间的年度冠军杯中他们一共赢得85枚金牌。英式足球在爱尔兰北部的工人阶级新教徒中还是很受欢迎，在伦敦德里和都柏林的天主教徒中也是如此。1890年，一个半职业化球队的爱尔兰联盟在贝尔法斯特创立，而贝尔法斯特凯尔特队的运行方式也效仿了1891年成立的新格拉斯哥俱乐部。1914年前，爱尔兰与英格兰敌对球迷间发生了几起斗殴事件。1920年英国和爱尔兰在贝尔法斯特交战时，有人朝唱歌的爱尔兰球迷开枪。此外，1920年11月21日还发生了在克罗克公园蒂珀雷里队13名队员遭遇枪击的“流血星期日”。而爱尔兰共和国队于1948年在古迪逊公园球场以2比0击败英格兰队，是第一个让英国队主场失利的外国球队。同样，盖尔运动协会也极力抵制橄榄球运动，但爱尔兰的英式橄榄球运动仍然发展了起来。1879年成立了橄榄球联盟，联盟中的俱乐部成员主要来自大城市，盖尔运动的敌视反而在一定程度上促进了爱尔兰橄榄球运动的团结。

1921年12月6日，英国与爱尔兰双方签订《英爱条约》，爱尔兰宣布独立。但北部的6个郡拒绝独立，选择以地区的地位继续留在英国。所以爱尔兰的盖尔体育在历史上是英国体育的一个组成篇章，现在，因为北爱尔兰地区的存在，也是英国体育的一个地方特色项目。

二、威尔士的橄榄球标签

在威尔士，橄榄球发展出了另一种途径。面对英式运动的入侵，威尔士人没有发明或振兴自己的运动，而是吸收英国公立学校的冬季团队比赛——英式橄榄球运动，使它们带上威尔士的标签，成为表达“凯尔特爱国主义”的有力工具。我们熟悉的足球运动在南威尔士没有争取到那里大批的矿工和铁匠，但在北威尔士，铁匠和矿工们却都是热情的足球运动员和观众，北威尔士奇克小镇还培养出比利·梅瑞迪斯，在他的足球生涯中为威尔士国家队对战英国队做出了很大贡献。如果他去英格兰为曼彻斯特城市队和曼彻斯特联队比赛的话，绝对前途无量，但梅瑞迪斯却是个坚定的威尔士爱国者，尽管他的出生地离边境只有百码之遥。

橄榄球（Rugby Footboll）由英格兰传入，却成为威尔士的第一运动。橄榄球征服威尔士的过程可分为两个阶段。第一阶段橄榄球运动开展于南部山谷；第二阶段在世纪之交，受到涌入威尔士的工业移民的传播影响。南威尔山谷开展橄榄球的历史更加悠久，当地很早就流行一种旧式橄榄球运动，名字叫做“cnappen”，是现代橄榄球运动的一种古典形式。19世纪60年代又传来了新式橄榄球运动。新建的公立学校兰多维学院聘请了来自牛津和剑桥的教员来教授运动方法，这个时期英国传入的新式橄榄球和本地之前流行的旧式橄榄球并行不悖。19世纪70年代，尼斯、加迪夫和纽波特沿岸，自由职业者带头成立俱乐部，之后，在19世纪80年代由于煤炭生产的急剧扩张导致该地区大规模移民涌入，这些移民要么来自英格兰西部，要么来自爱尔兰，而不是已经成立足球协会的英格兰中西部或兰开夏地区。因此，他们带来的运动不是英式足球而是英式橄榄球❶。

1871年英格兰成立了第一个橄榄球运动组织——英格兰橄榄球联合会（Rugby Footboll Union），信奉绅士阶层的业余精神，禁止球员领取出赛津贴。1885年又成立了国际橄榄球联合会（World Rugby Footboll Union）。但业余原则在威尔士似乎无法严格执行，虽然威尔士橄榄球协会要定期组织调查，但俱乐部间或给予明星

❶ Morgan, K. O. *Rebirth of Nation: Wales, 1880–1980* [M]. Oxford: Oxford University Press, 1982; Harding, J.. *Football Wizard: Story of Billy Meredith* [M]. Derby: Breedon Books Publishing, 1984: 83.

球员物质重奖，引起国际联合会中苏格兰和英格兰代表的愤怒，他们警告这些物质奖励不恰当，于是威尔士橄榄球联合会一度退出国际联合会，用基金给他们要奖励的球员买了栋房子，强硬表明威尔士不会屈服于外界的监管。国际橄榄球联合会（WRU）的权威部门制订了业余法案，杜绝球员靠运动职业挣高薪，不过在1907年，一项官方调查还是承认威尔士一些俱乐部的“实际支出超额”。

因为业余与职业之争，爆发了一场“橄榄球革命”。1895年很多想走职业道路的俱乐部脱离国际橄榄球联合会，开始以职业联盟（League）的形式开展这项运动。威尔士橄榄球联盟大获成功，这个时代，威尔士已经开始从过去的田园乡村迅速进入崭新工业世界。在第一次世界大战前的40年，大批的移民从爱尔兰和英格兰西部蜂拥而至，威尔士成为美国之外移民率最高的地区。大约150万的工人聚集在南部工业区，他们对威尔士语一窍不通，古代凯尔特人的传说和文化传统也与他们无关。但是他们要融入当地为自己贴上“威尔士性”的标签，于是玩橄榄球、爬山、打高尔夫、玩音乐成为新威尔士人的象征。在纷杂的威尔士风情画卷里，橄榄球成为威尔士的国家运动。

威尔士认为自己拥有橄榄球的灵魂，而其他国家拥有的只是躯壳，橄榄球明星因此成为民族英雄。亚瑟·古尔德（Arthur Gould）于1864年出生在纽波特，父亲是英国人。他由一名擅长爬树的神童（他的绰号是“猴子”），成长为出色的运动员及当时最伟大的中后卫。他带领威尔士队第一次主场时就以12：11击败英格兰，于是受到了万人的拥戴，成为威尔士橄榄球的头号英雄。

两次世界大战之间，由于煤炭行业的下滑，威尔士橄榄球受到重创。不过很快，战后的威尔士橄榄球在国际舞台重振雄风。一瞬间，煤炭业又成了龙头老大，新行业在这里发展，威尔士橄榄球的秘诀是训练强壮的矿工和文法学校男孩，使橄榄球人才辈出。20世纪60年代后期和70年代早期，威尔士球队吸引了一批来自矿工家庭的球员，他们实际已经通过打球脱离煤矿行业成为了中产阶级。当“国王”巴利·约翰（Barry John）提前退役离开比赛时，他发现同胞对他的崇拜无处不在，他无法像普通人一样出入商店或酒吧，这使得他不得不远离公众，销声匿迹[1]。而加雷斯·爱德华兹（Gareth Edwards）则成为这个时期著名的运动员，因其球技高超而被称誉为“威尔士王子”。

[1] Smith and Williams,（1980）, pp. 341- 342, 419- 421; Williams, G. “From Grand slam to Great Slump”, *Welsh History Review*,（June 1983）: 338-357.

加雷斯·爱德华兹和他的两位儿子在海滨游玩
爱德华兹出生于1947年，1967年入选威尔士橄榄球队，司职争球前卫，1978年宣布退役

加雷斯·爱德华兹（持球者，身穿9号球衣）在一场比赛中矫捷的身姿

几万名观众在橄榄球赛场齐声高歌，成为体现威尔士文化的特色景观，参加本土四国赛，成为威尔士人特别关注的重头大戏。1883年英格兰、爱尔兰、苏格兰和威尔士四队开始进行本土四国锦标赛，1910年法国队正式加入，赛事因此更名为欧洲五国赛（1933年至1939年法国曾经被短暂驱逐出赛事），2000年意大利申请加盟，比赛变成了欧洲六国赛。爱尔兰虽然从英国独立出去，但仍然按历史传统与北爱尔兰地区球员联合组成一个队参赛，而威尔士人最看重的则是与英格兰之间的一争高低，彼此间有几次载入历史的标志性比赛。

威尔士橄榄球队的历史性胜利

1933年1月21日，威尔士橄榄球队在伦敦特威克纳姆体育场举办的英格兰、苏格兰、威尔士、北爱尔兰之间的“英国本土四国锦标赛”（Home Nations Championship）的一场比赛中迎战英格兰队，最终以7：3逆转获胜。这是威尔士队历史上首次在特威克纳姆体育场击败英格兰队，是威尔士橄榄球发展进程中的标志性事件——1910年以后，威尔士橄榄球队曾经连续9次在特威克纳姆体育场输给英格兰队，这被称为“特威克纳姆魔咒”，这场比赛终于打破了这一魔咒

（图片来源：《伦敦新闻画报》）

威尔士橄榄球队vs英格兰橄榄球队

1969年4月12日，威尔士橄榄球队在位于威尔士首府加的夫的“神兵公园橄榄球场”以30：9战胜英格兰队，获得英格兰、苏格兰、威尔士、爱尔兰、法国之间的“五国橄榄球锦标赛”（Five Nations Championship）冠军

（图片来源：《伦敦新闻画报》）

英式橄榄球没有护具，是“肉碰肉”的硬仗，1987年创立的橄榄球世界杯赛，成为英式橄榄球最重要的世界性赛事，威尔士在1999年主办了一届比赛，但迄今威尔士的最好比赛成绩是季军，多少有点辜负威尔士人对橄榄球运动倾注的特殊情感。

三、苏格兰的高地运动

在苏格兰，代表民族风情的符号是方格短裙与风笛，除此之外，苏格兰高地运动也是突显民族特性的事物。与爱尔兰人不同，苏格兰人并不愿放弃或者彻底排斥英格兰传入的现代团队比赛项目，在首都爱丁堡与第二大城市格拉斯哥等中心地带，英式运动一直很受欢迎。具有反讽意味的是，英国贵族却偏偏对苏格兰高地情有独钟，尤其是西欧的最后一个荒原巴尔勒默尔，英国贵族每年都会来这打猎和钓鱼，每当此时，衰落的传统高地运动会又被这些猎奇的人重新带动起来，焕发出了盛大的活力。在聚会上，他们身着印有家族图案的苏格兰短裙（制造商为提高销量的巧妙设计），这些英国领主们兴致勃勃地观看苏格兰人进行“抛木柱”竞赛。

高地运动（Highland Games）起源于14世纪，在那些风景壮美的高地举行，迄今蔚然形成传统，各个城镇每年5~9月都要举办自己的高地运动会，而其中布雷马地区的高地运动会最具影响力，这里距离英国女王的避暑行宫巴尔莫勒尔堡很近，自1848年维多利亚女王首次现场观赛以来，历任女王或者王室成员都可能是造访高地的座上宾，大量游客也会在每年夏季被赛会吸引而来。

苏格兰布雷马地区高地运动会（2017年）
（图片来源：布雷马地区高地运动会官方网站）

穿着方格短裙的壮汉进行比赛，是高地运动会独特的风景。除了角力与武艺的比赛，年轻女子的高地舞比赛（highland fling），以及风笛乐团（piping）的盛大演奏等项目，把体育比赛与文艺比赛完美结合，成为体现苏格兰精神与特色的综合性文化盛会。

抛掷树干是运动会的一个主要项目，传说起源于伐木工人在跨越鸿沟前要把原木扔过河，既比力量也比试技巧。运动员要竖起一根6米长的巨大木杆，短距离冲刺后把这根79公斤重的木杆抛甩出去，木杆分为首尾两端，使尖细一端滚翻插入地面，然后计算距离。运动员动作越优美，木杆插得越垂直，获得的加分就越多。

掷铁锤是另一个代表性热门项目，据说起源于中世纪苏格兰和爱尔兰矿工们的消遣娱乐，俗称扔大锤，他们在工作之余的闲暇时光，把带有木柄的铁锤当作重物来扔，看谁扔得更远，由此逐渐变成一项游戏。 这项运动19世纪传到牛津、剑桥大学后，学生们为了方便投掷，把锤子改成了圆球，木柄改成铁链，成为大学中校运动会的比赛项目，变成了一个现代奥运项目——链球。而在高地运动会中，人们仍然坚守着传统，拿着几百年前一样的长柄铁锤进行着复古比赛，身着苏格兰短裙的运动员们扔铁锤时旋转飞舞的身影，是高地运动会上一个使人印象深刻的画面。

苏格兰高地运动会的主要比赛项目：掷链球、抛铁锤、投石球、抛树干

（图片来源：《伦敦新闻画报》）

高地运动会除了抛大石、掷木杆、扔铁锤、拔河、套布袋跑等传统项目外，20世纪又大量加入了一些现代田径项目与自行车比赛，使比赛内容更加丰富多彩。

高地运动会经常进行拔河比赛，图为1965年举行的布雷马地区高地运动会的拔河比赛
（图片来源：《伦敦新闻画报》）

苏格兰工业化后，人们日常穿着抛弃了短裙。市民为新大学和城市建筑感到骄傲，足球、橄榄球等英式运动也悄然流行开来。

击败英国的强烈渴望一直以来都是苏格兰国家足球队的动力，一遇到英格兰队，爱尔兰人的态度就十分狂热。一开始，苏格兰足球联赛也只是精英们的消遣，成立于1867年的皇后公园俱乐部控制着足球赛事。1873年苏格兰足球协会成立，同年格拉斯哥流浪者俱乐部成立，预示着足球比赛在苏格兰有了统一管理与长远规划。1887年凯尔特人足球俱乐部成立，这个年代足球在工人中已经相当流行了。由于足球人口资源庞大，苏格兰职业足球的规模与质量远超欧洲其他国家，宗教部长对此颇有怨言："一到星期六晚上，体育报纸就成了年轻人的圣经和布道。"而在汉密尔顿，"星期六下午，除了参加或者讨论体育，人们什么都不做。"对于苏格兰人来说，苏格兰足球是他们的感情财富，他们在这方面不承认也不尊重英国人的优势。众多拥有才华的苏格兰运动员甚至在职业化合法之前就源源不断地前往英国，涌现出许多类似纽卡斯特中前锋休伊·加拉赫这样"天使”般耀眼的人物。一开始，休伊·加拉赫只是个毛头小伙，1929年，他穿过柯科迪贫穷的拉茨流浪者地区，来到普雷斯顿北端，拿到了9000英镑的转会费，成为赫伯特·查普曼麾下的中流砥柱，转会之后的6个赛季，4次赢得英国联赛冠军。1920年至1939年期间，所有英国联赛夺冠球队都聘请了苏格兰球员。1926年至1927年，纽卡斯特球队有7名苏格兰球员❶。

苏格兰人特别重视每年和英国的足球对抗赛，对其他国际比赛都不会有这么高的热情。这是历史上彼此间古老战役的变相延续，也是源自一个弱小贫穷国家超过强大邻国的愿望。所以，苏格兰与英格兰的球员交流是单向的，英格兰雇佣了大量苏格兰球员，甚至还在伦敦公园举办了高地运动会，但苏格兰却拒绝英格兰色彩，凯尔特和流浪者两个俱乐部都不愿雇佣英国球员。到1980年，共有112名外籍球员曾为流浪者俱乐部工作，但没有一个是英国人。苏格兰人作为古老凯尔特人的后裔，由于历史的原因讨厌英国人，他们在与英格兰的体育比赛中表现了对苏格兰的忠诚❷。

英格兰与苏格兰彼此间对体育交流的态度截然不同，英国王室成员喜欢高地运动，是比赛的座上客，苏格兰则更多体现抵触与对抗。此幅油画作品反映的是1849年6月，伦敦苏格兰人协会（Scottish Society of London）在荷兰公园（Holland Park）举行高地运动会。维多利亚女王和阿尔伯特亲王乘坐马车莅临现场，大批观众前往观看比赛

（图片来源：苏格兰国家美术馆）

❶ Murray，B.. *The Old Firm* [M]. Edinburgh：John Donald Publishers Ltd，2000：5-9；Smout，T. C.. *A Century of the Scottish People：1830-1950* [M]. Waukegan：Fontana Press，2010：154；Walvin，J.. *The People's Game：History of Football Revisited.* Edinburgh：Mainstream Publishing，1994：124.

❷ Holt，R.. *Sport and he British：A modern?History*. Oxford：*Oxford* University，1989：258.

苏格兰的体育场馆曾经是英伦三岛中最好的，苏格兰第一个拥有国家体育馆。汉普顿公园体育场可容纳15万人，其他体育场无法企及，1893年皇后公园建成，设施比凯尔特队和流浪者队的派克海德球场和埃布罗克斯球场更完善，之后便逐步成为国际赛事场馆。第一次世界大战后，英格兰也修建了自己的国家体育场——温布利球场，苏格兰人每年两次前去参加比赛，尽管路途艰苦，还是有近3万名苏格兰人陆续来到这个球场，比赛期间，伦敦到处都是苏格兰人。20世纪30年代，前往温布利的苦旅是苏格兰男性工人重大的文化活动。一群群的球迷戴着帽子，拿着风笛、鼓、响板、手风琴和锡制煎锅等整装待发，妇女们跳着“战争舞蹈”给球迷助威活动饯行。能击败英国人真是太棒了，再没有比1928年在温布利球场以5∶1大胜英国队更令人振奋的事情了。这个比赛在苏格兰的民众间流传，比赛用球至今保存。英国队拥有一个赛季得分最高的射手，但是艾伦·莫顿强劲的带球过人（他是位采矿工程师，其资历，身材及俊俏的外表使他成为偶像）和艾利克斯·杰克逊的头球，却摧毁了英国队，取得了历史性的胜利。英格兰对战苏格兰的比赛中，双方战绩平分秋色、难分伯仲，由此反而吸引了更多观众，1937年，有149415人观看了英格兰对苏格兰的比赛，很难有什么比赛能吸引如此多的观众，而在苏格兰西部的男性工人中，每三四个人中就有一人进场观看了比赛，还有数千人留在场外❶。

在如今电视已经国际化、空中旅行不足为奇的时代，苏格拉人的热情仍与从前一样炙热。身披红金狮子战衣、唱着战争哀歌“苏格兰之花”、为胜利或失败捏紧了拳头和罐子，这些苏格兰球迷们的表现仍然是当今体坛的一道风景线，体现了苏格兰体育独特的民族情怀。

---

❶ McCarra，K.. *Scottish Football: Pictural History from 1867 to the Present Day*［M］. Edinburgh: Polygon Books，1984: 52; Moorhouse，H. F.. “Scotland against England: Football and Popular Culture”［M］. *The International Journal of the History Sport*，1987（4）: 195-199.

5

第五章
殖民地体育与英联邦运动会

英国是现代竞技运动的发源地，英式体育的国际传播是现代世界体育史的重要篇章，也是英国体育史叙事的一个重要内容。自19世纪初开始，英国在其殖民地大量培养体育精英。一方面，那些背井离乡的英国殖民者，要在异国草坪上用体育竞赛来体现对故国的商梓之情。另一方面，殖民地当地贵族也把体育当作沟通的桥梁，来向宗主国靠拢，表明他们加入“英式生活”的姿态。两类人群一拍即合，共同把现代体育传送到世界各个角落。但随着民族独立运动的推进，殖民地的体育活动日益显现出独立意愿，在与英国举行体育比赛的恩怨情仇之中，出现了对身份认同的分崩离析趋向，而英联邦运动会作为当今仅次于奥运会的世界第二大综合运动会，还顽强存留着昔日“日不落帝国”的辉煌。

作为非政策性的手段，体育的推广进程尽管相对缓慢，但在维系英帝国与殖民地之间的关系方面却似乎比军事、政治更加有效。在某些殖民地，比如印度，体育几乎成为其与英国交流的主要方式。当然，由于殖民地本身有自己的种族和文化，英式体育在进入各殖民地的过程中，一方面受到本土文化不同形式的阻挡，另一方面在融入本土过程中，不可避免地被贴上当地的标签，转而成为殖民地人民展示和强调自身种族文化及民族独立的重要工具。

一、殖民地与英国体育的国际传播

1. 海外开拓，派遣“帝国运动员”

19世纪后期，体育已经普遍被英国公立学校列为重点课程。尽管初衷并不在于直接为大英帝国培养军官，但事实上体育课程很快在这方面起到了作用，可以说，培养体格健壮的精英往往与英国政府对亚洲和非洲广大地区的管控密切相关。欧洲人甚至说英国在滑铁卢之战的胜利是由“伊顿公学的操场”上决定的，因为体育所培养的团队合作精神对英帝国的胜利至关重要。

“帝国运动员”成为英国学校的一个培养目标，公学校长们意识到他们肩上的重担，当时教育界流行的观点是，体育是身体力量和精神力量的源泉。一个男孩，能在昏暗的光线里凭借坚定的意志打完一场比赛，日后在兵折将亡的绝境中，也会以同样的决心承担一切。一代一代英国男孩子在成长历程中，不断浸润在那些历久弥新的传奇故事里，同时受到帝国征战传说的熏陶，他们会燃起英雄主义的理想❶。在教育学家和军队看来，体育并不应该简单地追求体格的健壮，更应着重培养团结、责任及服务意识。英国童

❶ Mangan, J. A. . *The Games Ethic and Imperialism: Aspects of the Diffusion of an Ideal* [M]. Oxford: Routledge, 1986: 35-36.

子军创始人、海外殖民者巴登·鲍威尔（Baden Powell）在布尔战争之后给预备学校的老同学写了一封信，他在信中说："当你还是个小男孩时，你就应该学习如何履行责任……在足球比赛中，你的职责不是向观众炫耀自己，而是为了使团队获胜，服从队长的命令，给予同伴支持。"甚至一些女校校长也觉得，女生必须锻炼体力，才能与自己的丈夫并肩作战。校长们普遍认为，英国之所以统占全球大部分地区，很大程度上得益于个人锻炼和体育竞赛培养出的品质。此类言论在教育系统内屡见不鲜，并很快传播到出版界、国会及帝国政府内部。

有体育特长的学生，可能优先被选派到海外殖民地任职。19世纪后期，随着英国的日益壮大，军队的不断扩充，体育的文化意义不断上升，进而突出了体育技能的价值。苏丹政治服务部（Sudan Political Service）就是一个很好的例子。它成立于1899年，人员主要来自牛津和剑桥权威导师的推荐，比较理想的人选就是有运动特长的候选者。臻选小组"很重视应征者的体育成绩，他们认为这种活力不仅显示了体力的强健（在气候不佳的地方很重要），还彰显了个性、主动性、判断力及管理能力。"无怪乎一位踌躇满志的应征者声称自己能"划船去苏丹"。事实上，393名应征者中有71人曾在牛津或剑桥获得过优异的体育成绩，更多的人则是来自创立更早的公立学校的优秀运动员，他们当中近四分之一的人来自伊顿公学、拉格比中学、温彻斯特中学及马尔伯勒公学。

体育运动中的开拓精神与殖民统治有直接的关联，这从阿尔伯特·弗雷德里克·马默里（A. F. Mummery）罹难的讣告里便可窥见一斑。马默里于1895年在攀登喜马拉雅山巴特峰时不幸丧生，他的讣告称赞说，正是像他这样的人"使我们盎格鲁-撒克逊人成为了这个世界的开拓者。我们取得了海上控制权，通过探险和殖民规划了全球的大部分荒地……我们所拥有的品质，都是在体育锻炼中获得的"[1]。

到了殖民地后，这些体育特长生们又随身把体育技能带了过去，他们既

[1] Kirk- Greene "Imperial Sidelight or Spotlight? Sport and His Excellency in the British Empire", in Mangan (ed), *Proceedings of the XI HISPA International Congress*, Glasgow: Jordanhill College of Education, 1987: 1-11; Mangan, 1986: 74; Stewart G. J. "The British Reaction to the Conquest of Everest" [M]. *JSH*, 1980: 37.

是当权者，也是享乐阶级。当美国仅有13个殖民地时，南方的英裔地主们就开始以赛马为乐，赛马在南部尤其是保皇党内部非常流行。1846年，澳洲政府要员和大地主们在南部的殖民地创立了阿德莱德狩猎俱乐部，用于赞助赛马。之后，网球、高尔夫和帆船也被引入“上流社会”的娱乐活动之中。正所谓“哪里有十几个男孩，哪里就有板球”，体育提供了日常消遣，同时也成为新移民融入殖民地的媒介。19世纪90年代布赖斯公爵曾说：“我们的同胞不会畏惧国赛（板球比赛）时的烈日。无论在英国，还是在非洲，他们都是英国人。”1864年1月，马德拉斯（Madras）板球俱乐部远赴加尔各答，与当地的板球俱乐部进行了比赛。马德拉斯板球俱乐部由英国殖民者中的军官和政府官员组成，马德拉斯是今印度东南部的泰米尔纳德邦首府，位于孟加拉湾海岸，今称森奈，1639年，英属东印度公司在此建立要塞和贸易站，马德拉斯是英国在印度南部拓展势力的重要基地。

英国人把他们的生活方式带到了殖民地
图为1864年印度马德拉斯板球俱乐部的成员肖像画

英式体育在促进殖民地的社会团结方面居功至伟。体育是那些背井离乡甚至遭到仇视的人们的精神寄托，这不是一种奢侈，而是一种必须，是维持士气的手段，是桑梓之情，是同根同源的英国人对草坪、茶及其他熟悉事物的认同感。

英国士兵在远东兵营开展足球运动的场景，这些士兵无形中把英式体育带到了殖民地

英国体育对军事活动也有直接的影响。在印度一些英国军官正是依靠在狩猎时使用枪支大范围捕杀猎物来证明自己的统治地位。军官们持矛策马、兴致盎然地追逐着野猪，通常只猎杀那些强壮危险的成年动物。1874年，密拉特滕特俱乐部举办了卡迪尔杯狩猎竞赛，用于奖励杰出的猎手，至此，猎野猪运动达到空前高潮。马特拉杯则是团队比赛，来自俱乐部或军队的成员们，三人一组展开角逐，而当地人则百十人被分成一组，充当助猎者。比赛时的激烈场面，不仅吓到了野猪，也成功震慑了当地人❶。

狩猎仅在军队的小圈子内流行，而另一项与军事训练有关的运动则要普及得多，即马球。在亚洲，马球有几千年的历史，传说蒙古人曾用头骨来代替皮球，此运动盛极一时，然而到了19世纪50年代，已经很少开展，快要绝迹了。1862年，第一所现代马球俱乐部在加尔各答成立，于是马球在印度军队和王公之间迅速流行开来，并成为财富和地位的标志。1870年，英国的第一场马球比赛在洪斯洛荒地举办，这项比赛“最突出地昭示了运动员的优势地位”。在西非的部分地区，当地的统治者对马球兴致浓厚，部队长官们也乐此不疲。

类似于打野猪的娱乐活动显然很难普及，因为平民们需要的是更加便利和

❶ Cuddon, J. A. . *The Macmillan Dictionary of Sport and Game*. London: Macmillan, 1980: 602-603; Mackenzie, J. M. “Hunting and the Imperial Élite” [M]. *Proceedings of the Fourth Annual Conference of the BSSH*, 1986: 58-69.

包容的体育活动，甚至主妇们也能参与其中，因此，草地运动蓬勃发展。1870年，羽毛球规则被制订出来，而草地网球也深受英国人及英印混血儿的欢迎。由于气候等条件的差异，英国殖民地的观赏类运动也不尽相同。在印度，橄榄球的推广就十分不力，加尔各答的选手们只好用自己的资产来举办加尔各答杯，而板球更休闲，也更适应印度温暖的气候。自1892年开始，孟买的英国人和帕西人就进行了一系列板球争霸赛，其后，印度和穆斯林的代表也加入其中，更是引来大批拥趸。另一种纯观赏性的焦点赛事就是赛马，从香港到内罗毕都建有赛马场地。赛马因其贵族特质被称为“国王的比赛”，优雅的赛马被陈列在上好的赛场，对于时尚人士来说实在是太有吸引力了。当然，普通人也可以欣赏比赛，有闲钱的也可以下注，因而赛马在贫苦移民间大获成功。不过，与其说这是因为人民在果腹的同时也兼顾精神享受，倒不如说这是当权的殖民者们为了满足自己的娱乐要求❶。

2. 体育搭桥，当地贵族加入英式生活

随着帝国的扩张，体育比赛是一座文化桥梁，可以吸引当地贵族采用“英式生活”，以便与他们维持良好的关系。特别是第一次世界大战过后，德国殖民地移交英国，使得英国政府的管理范围更大，急切需要与当地精英联合，一起参加体育活动无疑可以促进与他们之间的“友谊”。

图为1917年印度地方长官打网球的场景，网球等英式运动进入上流社会，成为当地贵族融入英式生活的桥梁

❶ Yyam, R.. *Britain' s Imperial Century: 1815-1914* [M]. London: Palgrave Macmillan, 1976: 151.

最先接受并开展英式运动的是帕西人（Parsi），帕西人是生活在印度的索罗亚斯德教（Zoroastrianism，中国称之为“祆教”）教徒，他们的祖先是波斯人，于公元8至10世纪移民至印度——Parsi之意即为“波斯人”。17世纪之后，帕西人主要居住在孟买。19世纪时，帕西人成为富有的商人，与东印度公司和来自英国的殖民者来往密切。1830年代起，帕西人开始参与板球运动，是最早尝试板球运动的印度居民。1848年，帕西人在孟买建立了印度历史上第一个板球俱乐部“东方板球俱乐部”（Oriental Cricket Club）。1850年，帕西人组织了“青年索罗亚斯德教徒俱乐部”（Young Zoroastrian Club），在1886年，来自印度孟买的一支板球队访问英国并与英国球队进行了28场巡回比赛，该球队全部由孟买的帕西人组成，是历史上第一支访问英国的印度板球队。

1886年历史上赴英国访问的首支印度板球队，他们由孟买的帕西人组成

对于其他印度人，最好的办法是通过开办英式学校，把当地贵族变成“光荣的”英国绅士，让他们直接承认英国文化的优越性，从信仰而非贪婪或恐惧出发来维持现状。柯曾勋爵概括了一名印度王公必须接受的教育，就是“学习英语，熟知英国习俗、文学、科学、思维方式，真理荣誉的标准……以及男人的体育运动和游戏。”正是出于这种思维，十九世纪七八十年代，印度创立了“酋长院校”。这些学校专为贵族准备，模仿英国公立学校的课程设置，体育在梅奥学院和拉吉库玛学院的重要性与在哈罗和伊顿一样。据英国一位著名记者记录，梅奥学院有三支11人组成的板球队和足球队，拥有绝佳的运动场地。当然，很多印

度的大家族也拒绝过这种创新，他们更倾向于请家庭教师或者去私塾学习古老的印度教育课程，但某些贵族家庭也会送至少一个儿子去英国读书。此外，不论是在酋长学校或是在英国接受教育，最优秀的人通常还是会选择去牛津或剑桥完成学业和体能教育❶。

“东方绅士”中最出名的当数王公拉吉特辛吉（Ranjitsinhji），又称“兰吉”，他在去剑桥之前，就在拉吉库玛学院学习板球，之后在1899年打破纪录，成为苏塞克斯的冠军，并代表英国参赛。如果英国要选荣誉公民，那兰吉当之无愧。1915年，他开始担任约翰·弗伦奇（John French）爵士的副官，并在爱尔兰拥有一份产业，回到印度后，他还经常与一些退休的富人们看保龄球比赛。兰吉最终回到了印度，成为王公协会的理事长，并将他遗产的很大部分捐献给了板球运动。

印度著名板球手拉吉特辛吉（1872—1933年）

板球并不是让当地贵族英国化的唯一运动。马球运动也让痴迷的王公们挥金如土，他们豢养着最好的赛手去和军队中的佼佼者们比赛。桌球（Billiards）和台球（snooker）是印度王室和众多官员的另一项共同爱好。1885年，加尔各答俱乐部的斋普尔王公将台球规则传授给了世界桌球冠军约翰·罗伯特，此后这项运动才传回英国。先前斋普尔王公欲斥巨资留住罗伯特，将其安排在皇宫居住，并赐予一百名奴仆。此外，他还用大象将6张全尺寸的桌球台运送到斋普尔，每组织一场比赛就要花费5000英镑。外交官夏乔士·罗便臣爵士有一句名言：“相同的娱乐爱好能确保在更重大事件上的共识。”说明英国人根本毋须提防爱好运动的印度贵族❷。

❶ Mangan，1986：125，133，137.

❷ Ronald，H. *Britain's Imperial Century，1815-1914：A Study of Empire and Expansion* [M]. London：Palgrave Macmillan，2002：151.

塞西尔·丁道尔·布里斯科（Cecil Tyndale-Briscoe）来自牛津郡一个上流家庭，他是个基督徒，身体健壮，曾是剑桥的船手，他和其他类似出身的人一起办了一个收费中学，向有地位的印度人教授体育。他致力于“克什米尔的性格培养”，足球、赛艇、拳击，都是他借以启迪学生的主要手段。印度教严禁触摸皮革，因而平民不会选择踢足球来“融入克什米尔”。不过布里斯科不管这些当地习俗，他用马鞭抽打学生的屁股，将这些人赶上赛场，但是学生们很明显不配合，他们踢偏球，“木鞋在空中乱飞，睡衣飞到别人脸上”，而被踢中的人则大声喊叫，认为自己被皮球玷污，非要将自己洗干净才罢休。值得欣慰的是，塞西尔的辛苦没有白费。1922年，经过30年的漫长教育，他终于在印度男孩子们的身上看到了比赛的热情和公平的精神。他的坚持不懈终于让足球在克什米尔贫瘠的土地撒下了体育的种子，有一首诗足以慰藉他的心情：

> ... it isn’t discussion，or staring or fussing
> 不是商讨，也不是凝视或气恼
> will coax us a crop from the clay;
> 能让泥土长出庄稼的
> It’s draining，manuring，persisting，enduring，
> 是灌溉，施肥，坚持，延续
> It’s patiently pegging away.❶
> 是恒久耐心不倦怠

英国体育也曾遭遇过印度人民的抵制。对于热衷于推广体育的人来说，印度绝对是个让人头疼的地方。不过大部分的抵制都是消极的，很多人仅仅只是无视这些奇怪而又费力的运动，或者一旦离开学校就会立刻停止锻炼。积极的抵制似乎并不常见，但确有证据表明孟加拉的知识分子反对现代竞赛，虽然力量微小，但很执着。英国人尤其不喜欢孟加拉的气候、地形，以及那些“坑蒙拐骗的下等人”，他们嘲笑孟加拉人的勇气跟兔子一样。孟加拉一些有文化的民族主义者强烈反对英式体育，他们拒绝参与任何盎格鲁-撒克逊人的运动，并呼吁重塑孟加拉人以马戏团和杂技演员为主的古老体育文化。但当地贵族们喜欢穿上法兰绒与

❶Mangan（1986），pp. 184-185，190.

英国人一起玩板球，通过体育在英属殖民地获得威望，因而民族主义者的抵制运动收效甚微。

20世纪30年代，尤其在印度南方，板球成为城市中主要的观赏性运动，其中1933年至1934年英国与印度的第一轮系列赛人数最多。兰吉杯是1934年为纪念印度最伟大运动员而创办的省际比赛，很受人们的欢迎和支持。

印度与英国队之间的板球赛吸引两国球迷关注
图为1936年英格兰队和印度队在伦敦的劳德板球场进行比赛

即使在最受欢迎的时候，板球仍是王公们的专属。唯一能称得上全国性全民运动的是曲棍球。19世纪80年代，军官们将草地曲棍球带到加尔各答，之后就迅速流行开来。也许是因为它与印度某种球棍类比赛十分相似，印度人不仅十分乐意地接受了它，还在游戏中表现出非凡的创意，为了更方便带球，他们甚至改变了棍棒的形状。1925年曲棍球联盟成立，1928年印度加入奥运会比赛，并获得了金牌；1932年，他们再次夺冠。1936年，在柏林，他们不但再次问鼎冠军，还以8：1的决赛比分还击了对手。进了6个球的戴亚·昌德少校更是成为了国家的体育英雄。

19、20世纪之交，为了发展体育，英国政府对殖民地大多数地方进行了一次调查。“在瘴气遍布的丛林，在满是砂石的荒地，在海上最恶劣的孤岛，都有关于板球的道德教育。”这是典型的英国式的思维。在锡兰，三一学院的校长“曾对前一天的比赛展开了一项时间调查……并精准地描绘了板球比赛时运动员何时应该传球，何时紧抱不放，或防守时的疏忽大意。”在非洲，尼日利亚酋长的儿子们接受了英式教育，西印度群岛的状况也如出一辙。英国殖民者通过中学教育培养了一批独立而又在文化上亲英的人。

3. 帝国落日，“骨灰杯”赛的恩怨

在加拿大、南非、澳大利亚和新西兰，体育在培养爱国主义方面的作用非常重要。加拿大的情况比较特殊，因为说法语的人数众多，他们不参与板球对抗赛，也不愿意接受英国文化。此外，由于与美国接壤，同时也引入了美式的观赏性比赛，因而诸如冰上曲棍球（冰球）之类的比赛更像是加拿大人自己的运动。

为什么板球在加拿大失败了呢？部分原因是比赛自身有排他性。参与板球的人少之又少，无法和美国之外的各国进行正式比赛。然而，在美国，板球运动也局限于费城和“世袭富豪”之间。法裔加拿大人不愿将大量时间耗费在典型的英式运动上，而且，气候因素和英国移民的自身特点进一步削弱了这项英式运动的魅力。

但是因为体育，英国与加拿大及帝国的其他成员还是拥有了共同点。第一场大英帝国运动会，也就是后来的英联邦运动会，于1930年在汉密尔顿举办。1891年，阿斯特利·库珀就已经提出了这个建议，他在《泰晤士报》上发表了一篇文章，内容说“如果每4年举办一次泛大不列颠和泛安圭拉的竞赛和节日可以促进大英帝国成员之间的亲善友谊和相互理解”，并且认为它应该是泛英帝国庆典的一部分。可惜稍后奥运会的创办，让这个宏伟目标最终化为泡影。两次世界大战之间，英国相关体育机构越来越倾向于组织一场专门的帝国赛事，加拿大在1930年举办了第1届大英帝国运动会，地点在汉密尔顿，并且由政府承担一些可能的损失。文化纽带显然比政治控制更容易赢得好感和支持，体育成为了英联邦不可分割的一部分，在定期举办的帝国展览会上，体育与其他介绍英国习俗、工业等的展览一起，显示着英国的伟大成就❶。

橄榄球和板球国际锦标赛是大英帝国属国体育界的大事，英国与南非、澳大利亚和新西兰三国就经常展开交流赛，常规的巡回赛则到“一战”之后才得以建立。两次世界大战之间，运动员们兴高采烈地乘坐豪华邮轮，频繁往返于南

❶ Moore, K.. “Sport, Politics and Imperialism” [M]. *Proceedings of the Fourth Annual Conference of the BSSH*, 1986: 46–57.

非、澳大利亚和新西兰。与体育有关的回忆录里大多都有乘坐温莎城堡号前往好望角，或是通过苏伊士运河前往澳大利亚的记录。船只可以自由停靠在亚丁、锡兰和新加坡。在英国国内，优秀板球队和橄榄球队的定期访问既是全国瞩目的焦点，又能让看腻了国内老掉牙比赛的观众获得新鲜感。早在1880年，澳大利亚球队的巡回到访，就促使哈里森勋爵宣称，“比起多年以来的积极立法，板球比赛更能团结‘母国’和殖民地。”对于英国人来说，不论“我们的”人民在哪里，只要他们喜欢“我们的”运动，就是帝国合理存在的良性信号❶。

1878年第1届澳大利亚巡回赛英国与马利邦板球会的对战中，板球界的一颗新星冉冉升起，他就是斯波福思（Frederick Robert“Fred” Spofforth，1853—1926）。四年后Oval的一场官方锦标赛中，这位澳大利亚“魔鬼投球手”一人得14分，连《sporting times》杂志都刊发文章认为“板球历史的新纪元开始了”，而英国的板球时代应该结束，“身体该被火化，将骨灰送往澳大利亚”。之后，墨尔本的一群女士甚至送给英国队长一个盛有三柱门横木灰烬的骨灰盒，关于骨灰的传说就此传开。此后，英国与澳大利亚之间举行的板球系列赛就此被称作“骨灰杯”（The Ashes），这个由一座小而易碎的陶质骨灰瓮代表的古怪奖杯，既象征着两国人民的敌对，同时又象征着他们之间的友谊。

澳大利亚传奇板球运动员斯波福思终结了英国队的优势地位，使澳大利亚板球运动进入新时代，骨灰杯比赛由此创立

在澳大利亚，板球迅速流行开来，与英国工人相比，那里的人们有很多的闲暇，也有更多的钱。“骨灰杯”巡回赛一年两次，在英国大受欢迎，特别是在贫穷的郡县，人们依靠比赛的分成增加收入。在澳大利亚，顶级的观赏性体育赛事较少，巡回的英国球队就是主要的娱乐来源，因此民众的支持度很高。19世纪80

❶ Inglis，K. S.. “Imperial Cricket” [M]. in Cashman and McKernan，1979：155.

年代，来自英国、诺丁汉或苏塞克斯的一些职业运动员组织私人巡回赛，收益颇丰。在爱德华时期，一场英国巡回赛能获得约2.5万英镑的收入，星期六的观赛人数更是多达3.5万人次[1]。而“骨灰杯”对抗赛现在每两年左右举行一次，成为世界上最负盛名的板球赛事。

“骨灰杯”成为澳大利亚最受关注的焦点赛事，对战英国队也成为赛前最热门的话题。在19世纪90年代，有些观点甚至认为英国队能为帝国团结所做的最大贡献，就是输掉比赛。一位板球教练曾经说过：“嗯，我们会赢得骨灰杯，但我们却有可能丢了一个属国。”显然，帝国确实比“骨灰杯”重要得多，但英国与澳大利亚的对抗赛仍旧如火如荼。英国人喜欢在比赛中加入很多“帝国”元素，可是澳大利亚板球运动还包含更多的元素，有被流放者后人及大量爱尔兰人对英国的集体仇视，有澳大利亚人要求独立的情绪。所以几乎每场比赛，英国队都会被羞辱、轰赶、喝倒彩，他们甚至被称为“英国杂碎”（Pommie bastards）[2]。板球使澳大利亚公众对英国的矛盾心理更加戏剧化，一方面板球能够满足底层移民击败英国的渴望，另一方面也促使板球在澳大利亚流行成为典型的“帝国运动”，切实反映了与“母国”的纠葛与分歧。

1926年8月18日，英格兰队最终在本土战胜了澳大利亚队，获得骨灰杯比赛的胜利
图为大批狂欢的英国观众在赛后涌入Oval板球场

[1] Ibbotson, D. and Dellor, R.. *A Hundred Years of the Ashes*. London: Rothmans Publications Ltd, 1982: 2.

[2] Mandle, W. F. “Cricket and Australian Nationalism in the Nineteenth Century” [M]. *Journal of the Royal Australian Historical Society*, 1973 (59): 225-246.

二、英联邦与英联邦运动会

无论是工业化的最早兴起地，还是当今风靡全球的户外运动的发源地；无论是最早发现古奥运会遗址的英国学者钱德勒（Chandler），还是最早提出定期举办英联邦国家间体育竞技的英国人阿什利·库珀（Ashley Cooper），英国人精力充沛、勇敢、讲求荣誉和公正的民族性格都跃然显现于其中。显然，英国人如此热爱体育，特别是竞技体育亦是民族性格使然。

作为当今仅次于奥运会的世界上第二大综合性体育盛会，英联邦运动会的兴起和发展也深深地刻有英国人的民族性格烙印。当然这与其所处的时代背景更是紧密相关：从19世纪世界的第一殖民大国到“一战”后帝国大厦的动摇，从“二战”后英帝国殖民体系的瓦解再到英联邦的建立，英联邦运动会在历史的浪潮中历经风雨，才演变成为今天的样子。

那么，英联邦运动会缘何而兴起，相比奥运会它有何特点，它的办会宗旨是什么，办会流程是怎样的，它又是如何发展成为世界第二大综合性体育盛会的？

英联邦运动会与英联邦的发展息息相关，从其“三易其帜”就能看出它与英联邦的直接关系。

1. 殖民帝国的“友谊运动会”

英联邦是英帝国发展演变的产物。英国曾是世界上最庞大的殖民帝国。从16世纪末17世纪初英国在北美建立第一块殖民地、英局东印度公司在印度建立一系列贸易货栈起，到20纪60年代英国绝大部分殖民地脱离英国统治独立，或成为英属“自治领”（名义上属于宗主国，但宗主国对一切事务不能干预，实质是独立）为止，英国作为一个殖民大国曾与世界上58个国家和地区有着殖民关系❶。

❶王振华. 英联邦兴衰［M］. 北京：中国社会科学出版社，1991.

英联邦作为一个国家联合体，是一个以英国为主导的，由54个主权国家（含属地）所组成，成员大多为前大英帝国的殖民地或附属国（除缅甸、爱尔兰、津巴布韦、民主也门外，其他前英属殖民地均为“英联邦”组织成员）。该组织元首为英国女王伊丽莎白二世（Elizabeth Ⅱ），同时身兼英联邦王国内的16个国家的元首。从非洲到亚洲，从太平洋到加勒比海岸，英联邦的总人口达20亿，占世界总人口的30%以上，并且有着不同的信仰，不同的种族，不同的语言、文化和传统习俗。

英联邦运动会

英联邦的存在具有其特定历史条件的合理性，而随之也形成了一种特殊的体育共同体合作形式——英联邦运动会（Commonwealth Games）❶。英联邦运动会原名为英帝国运动会（British Empire Games），始办于1930年，当时称为大英帝国运动会（British Empire Games），1954年改为大英帝国英联邦运动会（British Empire and Commonwealth Games），后于1970 年改作不列颠英联邦运动会（British Commonwealth Games），1978年更名为现在的英联邦运动会（Commonwealth Games）。

英联邦运动会每4年举行一届，与奥运会相间举行，轮流选择在不同的英联邦国家举行，是只限英联邦成员国或其附属国运动员参加的大型综合性运动会。时至今日，除因第二次世界大战停办两届外，英联邦运动会已经举办了19届。经过近百年的沧桑，如今的英联邦运动会已经发展成为无论在规模上还是影响力都能与洲际运动会相媲美的文化盛会，被称作“友谊的运动会”。

与奥运会一样，除以夏季项目为主的英联邦运动会外，还有以冬季项目为主的冬季英联邦运动会。1958、1962、1966、1970年连续在瑞士圣莫里兹（St. Moritz）举行了四届。发起和组织英联邦冬季运动会的重要人物是英国著名滑冰运动员理查德森（Thomas Dow Richardson），他于1971年去世后，英联邦冬季运动会就再没有举办过。2010年印度在举办新德里2010英联邦运动会的同年冬天，有意在滑雪圣地贡马举办冬季运动会，但由于种种原因未能实现。

与此同时，1962年至1974年英联邦截瘫人运动会一直都是同英联邦运动一起

❶ 谭华. 奥林匹克运动与国际体育合作［J］. 成都体育学院学报，1993（3）.

举办的。1994年加拿大维多利亚英联邦运动会上，残疾人运动员首次在表演项目中亮相。2002年，残疾人运动员首次正式参加英联邦运动会，使得英联邦运动真正成为了国际性综合运动会。

在1962年第7届英联邦运动会举办之前，首届英联邦残疾人运动会（Commonwealth Paraplegic Games）于11月10至17日在澳大利亚西海岸城市珀斯举行
图为残疾人运动员合影

2. 英联邦青年运动会

自2000年起，英联邦运动会还增加了青年运动会，比青年奥林匹克运动会早了10年。英联邦青年运动会则更像是一个缩小版的英联邦运动会，旨在推动英联邦国家的青少年体育发展。

第1届青年运动会在苏格兰举行，来自14个国家的733名运动员参加了8个项目为期3天的比赛。2004年12月，第2届青年运动会在澳大利亚拉开帷幕，来自22个国家的1000名运动员和官员参加了10个项目的比赛。2005年，英联邦运动联合会（Commonwealth Games Federation，以下简称“联合会”）在联合大会上决议将青年运动会年放在奥运会年后，并决定2011年在马恩岛举办第4届英联邦青年运动会。而第3届青年运动会仍旧于2008年10月12—18日在印度的庞尼（Pune）举行，来自71个国家和地区的运动员参加了9个项目的比赛。这一年的联合大会上又将2015年的青年运动会举办权移交给了南太平洋的萨摩亚群岛。为了将青年运动会调整在奥运会举办后一年举行，2017年举办了第5届青年运动会，从此正式开始4年一次的轮回。青年运动会的运动员年龄最小为14岁，最大不能超过18岁（运动会当年的周岁年龄），运动员数量不得超过1000名。

3. 英联邦运动会的组织机构及职责[1]

英联邦运动会联合会是英联邦运动会的领导机构，总部设在伦敦。至2010年，英联邦运动会联合会共有来自54个英联邦国家的71个会员协会（由于历史原因，有些国家拥有不止一个会员协会，例如，英国有英格兰、根西、马恩岛、泽西、北爱尔兰、苏格兰和威尔士7个会员协会）。

联合会负责管理运动会的比赛项目，以及举办城市的选择，而每个抉择背后都离不开它的三个核心价值观：博爱、平等和天意，也正是这三个价值观激励和团结着英联邦的人民。联合会的最终目的是将英联邦运动会办成独一无二的、友善的、世界级的运动会。它一方面致力于推动英联邦的社会发展、人民安康，另一方面力求通过推动体育和娱乐健身的发展推进教育。

具体到举办城市的选择，依据联合会执行委员会起草的《候选城市手册》（Candidate City Manual），同奥运会候选城市的遴选程序相似，候选城市在英联邦运动会举办的前8年即开始招标，而候选城市须在英联邦运动会联合会代表大会的遴选前18个月提交申请材料。

联合会还制定了英联邦运动会的章程、规则，以及执行准则。在英联邦运动章程中，提到了联合会的使命，即确保英联邦运动会的成功举办，保护运动员的最大利益，推动英联邦国家的体育发展。而联合会的目标有以下5个：

（1）推动英联邦运动会的发展，保证每4年一次的赛事正常举办，保证

[1] Commonwealth Games Federation［EB/OL］. http：//www.thecgf.com/about/constitution.pdf

英联邦成员国和地区的每一位有资格的运动员都能参加。

（2）根据国际体育单项联合会的技术规定设立运动会的相关条例和规则，必要时可根据英联邦运动会的准则对其进行修改和应用。

（3）设立运动会的竞赛条例和其他活动（包括文化活动和与赛事相关的活动）条例，但不完全适用于英联邦青年运动会和英联邦锦标赛。

（4）激励和促进英联邦国家和地区的体育及健身娱乐的发展。

（5）秉承“诚实、公正、能力”的价值观，追求卓越，尊重性别平等和包容他人，反对在竞赛中使用任何能够提高运动成绩的药物和有害物质。

此外，章程中规定英联邦运动会的官方语言为英语；联合会下设两个机构，一为英联邦运动联合大会，一为联合会执行委员会。联合大会主要是招纳吸收英联邦成员国家和地区的体育机构，使其成为英联邦运动联合会的会员协会。每个会员协会作为其所在国的官方机构可与联合会直接交涉与英联邦运动会相关的事务，同时必须遵从联合会的目标和条例。任何个人、组织或实体都不是联合会的附属，而是英联邦运动会组织的参与者。运动会主办城市与所在地联合会会员协会的合约也必须遵照联合会执行委员会的相关条例。

4. 英联邦运动会的项目设置及传统仪式

英联邦运动会的项目设置

1930年第1届加拿大汉密尔顿英联邦运动会只有6个项目：田径、水上项目（游泳和跳水）、拳击、草地保龄球、划船和摔跤。1938年增加了自行车，1958年又增加了击剑和举重。按照协议，东道国有权在规定项目之外再选择2个比赛项目，至今，项目已经历了多次增删。1985年，英联邦运动会联合会做出决定：仅设田径和游泳为规定比赛项目，其余8项可由东道国从射箭、羽毛球、滚木球、拳击、皮划艇、自行车、击剑、体操、柔道、赛艇、射击、乒乓球、网球、举重、摔跤和帆船16个项目中任选。1991年和1993年，英联邦运动会联合会又两次召开代表大会，大幅度修改了项目设置方案。

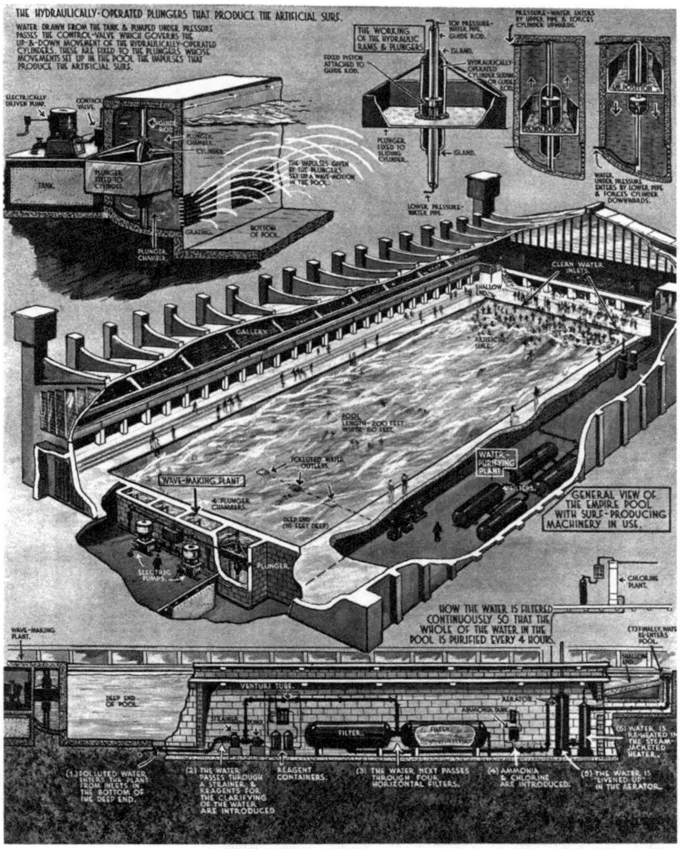

为举办1934年第2届大英帝国运动会，伦敦修建了“帝国游泳馆”（Empire Pool）。该游泳馆与温布利大球场相邻，亦称为“温布利游泳馆”，具有当时最先进的设施条件，不仅可供开展游泳和跳水比赛，还能够通过机器制造最高达6英尺的波浪。帝国游泳馆建筑高度最高达90英尺，长度为420英尺，宽度达240英尺，具有5000个观众席，游泳池长度为200英尺，宽度为60英尺，最深处达16.6英尺。帝国游泳馆于1934年2月15日奠基，7月25日正式建成。图为《伦敦新闻画报》1934年8月4日对于该游泳馆的人工波浪制造设施的图片报道。1948年伦敦奥运会的游泳比赛也是在帝国游泳馆举行的

如今，英联邦运动会的项目设置规定最多为17个项目，团体项目不得超过4个。与奥运会的固定项目不同的是，这17个项目中既有规定项目，也有任选项目。必须举行的10个规定项目为：水上项目（游泳）、田径、羽毛球、男子拳击（女子可有可无）、曲棍球（男女）、草地保龄球、英式篮球（女子）、男子七人橄榄球（女子可有可无）、壁球和举重。其他的项目则东道主可从以下项目中任选7个：射箭、篮球（男女）、沙滩排球（男女）、独木舟、自行车（公路、山地、场地）、跳水（水上项目类）、体操（艺术体操、韵律体操）、柔道、公开水域项目（水上项目类）、划船、帆船、射击（飞碟、手枪、大口径射击、小口径射击）、垒球（男女）、乒乓球、网球、保龄球、跆拳道、三项全能和摔跤。

此外，联合会和国际奥残联委员会还规定了英联邦残疾人运动会的4个规定项目及3个任选项目，并要求小项数目不得超过20个；英联邦青年运动会的项目至少6个，至多8个，团体类项目不得超过2个，举办城市可根据这一要求来决定比赛的具体项目。其中，田径和游泳（长距离或短距离）两项是规定项目，其他项目则可以从联合会列出的备选项目中进行选择。

英联邦运动会的传统仪式

1930年至1950年，运动会的开幕游行都是由一个举着英联邦旗帜的旗手带领的。从1958年开始，像奥运会的火炬传递一样，英联邦运动会开始了以英国女王为名的接力传递。接力的始发地是女王的白金汉宫，终点是运动会的开幕地点。接力棒里带着伊丽莎白二世对运动员的致辞，通常最后一个接棒的运动员是举办国（地区）的运动明星。开幕式的运动员入场仪式除第一个入场的是上届举办地的运动员，最后一个入场的是本届举办地的运动员外，其他运动员均是遵照其所代表国家（地区）在英文字母表的顺序入场的。只有2006年英联邦运动会的运动员入场式是按照所在地理区域的英文字母表顺序入场的。

1934年8月4日，第2届大英帝国运动会即英联邦运动会在伦敦白城（White City）体育场开幕。共有17个国家的运动员参加了这届运动会。图为英格兰运动员列队入场

三、英联邦运动会的兴起

追根溯源，早在1891年，英国人阿什利·库珀就曾在《泰晤士报》上撰文，提出“如果每4年举办一次泛大不列颠和英国国教国（16世纪亨利八世操纵下，英国建立了脱离罗马教廷的国教会，又称英格兰圣公会）的竞赛和集会，无疑可以提高大英帝国的声誉，巩固英国女王的统治，同时也能促进大英帝国成员之间的亲善友谊和相互理解”，并提议定期地举行各成员国间工业设计竞赛及田径、划船、板球等体育项目的竞赛。该建议后来受到重视。

1911年，大英帝国节在伦敦举办，节日的实质是乔治五世国王（George V）的加冕仪式。在这期间举办了一场帝国内的比赛，参赛的队伍包括澳大利亚、加拿大、南非和英国，竞赛项目包括拳击、摔跤、游泳和田径，且英国宫廷首次为获胜队颁发帝国杯，使运动会初具英帝国运动会的雏形。

1928年，加拿大人梅尔维尔（Melville Marks （Bobby） Robinson）受邀筹划了第1届大英帝国运动会，两年后，即1930年，首届英帝国运动会在加拿大安大略省的汉密尔顿正式举办。自此，英联邦运动会开始了4年一届的旅程。

1. 英联邦运动会兴起的政治背景

英国，全称“大不列颠及北爱尔兰联合王国”，本土位于欧洲大陆西北面的不列颠群岛，被北海、英吉利海峡、凯尔特海、爱尔兰海和大西洋包围，除英国本土之外，英国领土还包括14个海外领地。英联邦（前身是大英帝国），是一个以英国为主导的国家联合体，由54个主权国家（含属地）组成，成员大多为前大英帝国的殖民地或附属国。

英联邦运动会在20世纪上半叶的兴起并非偶然。第一次世界大战前，英国对联邦其他成员国在政治、军事、财政经济和文化上均施加影响；“一战”后，大英帝国的版图逐渐崩解，各殖民地争相独立。1920年代，英国慑于日益高涨的殖民地民族解放运动，开始考虑放宽政策，允许各殖民地自主。 1926年，各自治领地的全权地位得到明确，“英帝国会议”的帝国内部关系委员会提出了“英联邦的成员”一说，指出成员之间地位平等，在内政和外交的任何方面互不隶属，这为英帝国运动会的举办奠定了政治基础。1931年，国会通过《威斯敏斯特修道院法令》，从而在法律上对此予以确认，英联邦正式形成，也正是在这一时期，英帝国运动会兴起了。

2. 英联邦运动会兴起的文化背景

研究英联邦运动会兴起，无疑不能忽略的一点是英帝国的文化背景和特点。

英语及大众传播媒介

英语对于英国同英联邦国家之间关系的发展具有重要的作用和影响。英语是一些英联邦国家的行政语言，是多种族（或民族）国家社团之间交往的混合语。它还是高等教育和各种专业交流的语言手段，是文学和思想交流的符号工具。当然，英语在英联邦各国的流传和使用情况也很不相同。有一些国家拥有较悠久的本地文化传统和发达的语言文字。当它们处于英国殖民统治之下时，英语虽然作为官方语言使用，但它无法取代本地的语言文字。而在一些本地文化不够发达或主要由英国移民组成的殖民地，英语则成了当地通行的主要语言文字。当一些殖民地取得独立后，本地语言被定为国语，但英语仍作为商业、高等教育和高级行政当局的工作语言使用。英联邦国家举行的各种会议通常不需要翻译，英语是会议的通用语言，其文件一般也都是使用英语书写。

共同的语言基础大众传播媒介为英联邦国家间的思想文化交流提供了便利。英国出版的书籍和小册子很大一部分是输往英联邦国家的，“自治领”本地出版机构只提供中小学教材，而英国出版商在高等教育和一般文学书籍发行领域则仍占主导地位。与此同时，在报刊杂志的出版发行方面，也存在类似的情况。英国出口的报纸和期刊有将近一半是输往英联邦国家的。各“自治领”的报纸除了还沿用着英帝国年代的名称外，在内容上它们采用的国际新闻大多是通过英国机构提供的，其中英国新闻一船都超过其他外国新闻的数量。共同的语言基础和相同大众传播的价值体系在一定程度上为英联邦运动会的举办提供了文化保障。

宗教与教育

宗教是人类文化的重要组成部分。在英帝国形成和扩展的过程中，英国教会组织也把它们的传教活动扩展到了英国的各海外领地，他们在当地建立了一些教堂、学校、医院等机构。当英国的海外领地先后获得独立后，这些机构一般都由当地的教会组织予以接管。但长期以来受宗教的影响，英联邦国家之间形成了共同的价值观和价值体系，尤其是这些地方教会的领导人在投身民族爱国运动的同时，仍同创建这些教会组织的英国教会组织保持着联系。

而在教育方面，英国教育制度对英联邦国家的教育事业具有重要的影响。不管英联邦各国的初等教育存在多少差异，但它们的中学和大学教育几乎完全是依照英国的模式建立和发展起来的。教育制度上的这种一致性为某种英联邦共同文化的形成奠定了基础。各国的领导人和精英部是在类似的教育制度下培养出来的，他们拥有某些共同的思想观念、文化传统和对事物的评断标准。

共同的宗教信仰和教育制度使得英联邦国家有着类似的文化传统和价值体系，这也为他们共同参与英联邦运动会提供了思想保证。

体育组织机构背景

体育无疑是促进英联邦各部分之间联系的一个不可忽视的因素。许多现代运动项目，如足球、草地网球、板球都是英国创造发明的；有一些传统项目，如高尔夫球和划艇比赛，是英国使它们更加普及或成了正式的运动项目；还有一些运动项目，如拳击和赛马，由于得到英国上层阶级人士的庇护而取得了专门的地位。这些运动项目随着英国移民和殖民统治者的外迁一起流传到了整个英帝国。

以板球为例，在英国过去殖民和征服过的国家中，板球至今仍是一项受人们广泛喜爱的特别保留项目。许多人把板球看成是英联邦的一个象征，是可以把说英语的社团拢到一起的一种手段。这一项目不仅在英国和老自治领地广泛流行，而且在印度、巴基斯坦和西印度群岛也十分普及。英联邦国家间不时举行板球比赛，它们的板球队也经常相互进行访问。

1909年成立了帝国板球委员会，最初的成员有英国、澳大利亚和南非。印度、新西兰和西印度群岛各国在1926年、巴基斯坦在1952年也先后加入了该组织。委员会1965年改名为国际板球委员会。

因此，可以说英联邦国家体育基础的相近和一致性，为英联邦运动会的开展提供了方便和可能。

四、英联邦运动会的发展及影响[1]

英联邦运动会举办至今已有80多年的历史了，除因第二次世界大战取消两届外，共举办了19届。

英联邦运动会的发展与英帝国及英联邦的发展不可分割，英联邦运动会三易其帜充分体现了这一点。据此，本章将英联邦运动会的发展分为以下四部分：

1. 英帝国运动会——帝国坍塌间的挣扎

19世纪的英国自称为“日不落帝国”，也是世界第一大殖民国家，然而正如往日的“日不落帝国”——西班牙一样，英国在经历了维多利亚时代的辉煌后逐渐走向没落。“一战”后，大英帝国的版图精力都放在了欧洲，而当时兴办英帝国运动会并冠名“帝国”，不过是帝国大厦坍塌间的挣扎。

1930年，首届英帝国运动会在加拿大安大略省汉密尔顿市举行，来自11个国家和地区（澳大利亚、百慕大群岛、英属几内亚、加拿大、英格兰、北爱尔兰、纽芬兰、新西兰、苏格兰、南非和威尔士）的400多名运动员，参加了田径、草地滚球、拳击、赛艇、游泳（含跳水）和摔跤6个项目的比赛。女性只能参加游泳这一项赛事。加拿大选手戈登·斯莫拉库姆（Gordon Smallacombe）在三级跳远比赛中获得金牌，成为英联邦运动会历史上第一位金牌选手。

1930年英帝国运动会的纪念牌，
这次运动会后来被追认为第1届英联邦运动会

[1] 历届运动会资料主要来源于英联邦运动会的官方网站，http：//www.commonwealthgames.com/

1934 London England

本着实用主义的原则，这届运动会的举办非常的朴素而实用，运动员村是与城市体育场相邻的威尔士王子学校，运动员就住宿在学校的教室里，尽管有些基本的设施没有到位，但与会者仍旧对汉密尔顿市的好客赞不绝口。

1938 Sydney Australia

1934年的第2届英帝国运动会原本计划在南非的约翰内斯堡举行，但为了避免南非种族隔离制度引发的政治危机牵连到联邦国家运动员和官员，于是运动员移师到英国伦敦举行。16个国家和地区的500名运动员参加了本届盛会，除参加上届运动会的11个国家外，中国香港、印度、牙买加和罗德西亚（津巴布韦的旧称）首次参赛。

赛会共设置了6个项目，分别是：田径、自行车、拳击、草地滚球、游泳和跳水、摔跤。这届运动会的亮点是田径中有了女子项目，且这些项目均是被认为不太消耗体力的，如竞赛类项目中包括短距离跑，以及将男子的4×440（码）折半的4×220（码）接力。这是女子体育获得认可的一个转折点，同时也为女子体育登上国际舞台奠定了基础。英格兰队的豪兰上尉代表运动员宣誓：“我们宣誓：效忠于国王陛下、女皇陛下，秉着公平竞争的体育精神，以帝国和体育的荣誉为名遵守运动会的规章制度。”

1938年第3届英帝国运动会首次在南半球举行，15个国家的464名运动员和43位官员参加了本届赛事，斐济和锡兰（现更名为斯里兰卡）首次参赛。运动会在著名的悉尼板球场开幕，开场的澳大利亚和新西兰对阵英格兰的比赛吸引了近4万名观众。赛会共设置了7个项目：田径、拳击、自行车、草地滚球、赛艇、游泳和跳水、摔跤。

1950 Auckland New Zealand

由于第二次世界大战的爆发，1942年和1946年的帝国运动会被迫取消，但帝国运动会的热情仍旧高涨。1950年第4届英帝国运动会在新西兰最大的城市奥克兰举行，12个国家共派出590名运动员参赛，其中马来群岛和尼日利亚首次参加。赛会共设置了9个项目：田径、拳击、自行车、击剑、草地滚球、赛艇、游泳和跳水、举重、摔跤。

对此，奥克兰市投入了巨大的热情，近25万人都参与到了运动会的筹备中，伊甸园举行的开幕式吸引了约4万名观众。从当时的一段报道能够感受到当时的气氛："即便当日古雅典和古罗马的角斗士们也不比今天（1950年2月4日）伊甸园的游行更让人欢呼雀跃，观众被这尽管朴素，但却壮观的、引人入胜的表演吸引着，随着体育馆里游行的节奏尽情地欢呼，甚至踮起脚尖自始至终地观赏着各种表演……"

总体来看，这一时期的英国对英帝国运动会并未给予太多关注，但民众对帝国运动会的热情却足以推动赛会的平稳发展：与会的运动员仍呈逐届上升趋势，项目也从最初的6项增加到了9项。

2. 大英帝国英联邦运动会——政治干预发展

第二次世界大战结束后，尽管英国也是胜利的一方，但其政治、经济及军事实力都受到严重削弱，国际影响力也大大下降。20世纪50年代，英国政府委派佐治达委员会（Drogheda Committee）对英国文化外交的主要实施机构——英国文化委员会（British Council）的活动进行了考察，并于1954年的报告中指出：在非殖民化时代，英国需要花更大的努力在政治和宣传方面，和英联邦的新成员建立友好的关系，来抵制共产主义在新独立国家的渗透，反击英国在联合国和其他地方面临的被批评为殖民大国的指责❶。而举办英帝国运动会便是其中之一。

1954年，在温哥华市长查尔斯·汤普森（Charles E. Thompson）的带领下，经过两年的精心筹备，第5届大英帝国英联邦运动会（之前为大英帝国运动会）

❶ Beeley，H.．"The Changing Role of British International Propaganda"［M］. *The ANNALS of the American Academy of Political and Social Science*，1971（398）.

终于在加拿大温哥华拉开帷幕，这对脱离了英帝国的管辖作为英联邦成员的加拿大有着重要的意义。来自24个国家的662名运动员和127名官员参加了本届赛事，所设项目除没有击剑外，与上届运动会相同。

1954年这届运动会中最精彩的是“一英里奇迹”，
两名明星选手班尼斯特（左）和兰迪在一英里赛跑中都跑进了4分钟，被称作奇迹

8月7日是本届赛会的最后一个比赛日，作为压轴戏的一英里赛跑比赛在温哥华帝国体育场进行。英国选手罗杰·班尼斯特和澳大利亚选手约翰·兰迪参加比赛。这两位选手是当时世界上仅有的两位曾在4分钟之内完成一英里比赛的选手。1954年5月6日，班尼斯特在牛津大学举行的比赛中以3分59秒4完成一英里比赛，成为历史上第一位跑进4分钟的选手。6月21日，兰迪在芬兰举办的一场国际比赛中以3分57秒9力拔头筹，成为在一英里比赛中第二位跑进4分钟的选手并创造了世界纪录。这一次，班尼斯特和兰迪站在同一条跑道上展开竞争。在现场3.5万名观众的注视下，两位选手双双再次跑进4分钟极限大关。班尼斯特最终反超对手，以3分58秒8的成绩获得冠军，兰迪以3分59秒6的成绩屈居亚军。这场扣人心弦的争夺被称为“一英里奇迹”（Miracle Mile）。

第5届联邦运动会让温哥华站在了世界的舞台，运动会上精彩的体育瞬间，华丽的文艺表演，丰富的文化活动第一次通过面向全球的电视直播留给世人永恒难忘的记忆。而联邦运动会的成功举办也让温哥华将眼光放得更远，开始考虑其他的大型综合体育赛事。

1958 Cardiff
Wales

1958年第6届大英帝国英联邦运动会是在威尔士首府卡迪夫市举办的最大的体育赛事，同时也是联邦运动会举办地中最小的城市。卡迪夫本来成功申办到1946年的帝国运动会，但因“二战”被迫取消，等待了12年后终于圆梦。

由于对种族隔离制度的抵制，本届运动会是南非参加的最后一届（直到1994年种族隔离制度被废止，1961年南非退出英联邦长达30年）。赛会期间，南非队受到多方指责，源于南非队的运动员是依据种族和肤色而不是能力选拔出来的。

本届运动会上来自35个国家的1122名运动员和228名官员参加了开幕式，23个国家的运动员获得奖牌，其中新加坡、加纳、肯尼亚和马恩岛都是首次收获奖牌。赛会所设项目与第4届奥克兰帝国运动会完全相同。

第7届大英帝国英联邦运动会最让人难忘的是它的“高温、灰尘和壮丽”。珀斯联邦运动会开幕前一天的温度是华氏80度（相当于摄氏27度），而开幕当天新佩里湖体育馆（new Perry Lakes Stadium）的温度达到了华氏105度（相当于摄氏41度），且高温一直持续到运动会结束。事实上，在过去的65年里，超过华氏100度的纪录只有10次，澳大利亚的士兵负责从海上运水给运动员们。

伦敦日报记者詹姆斯·库特报道：“第7届联邦运动会证明：首先，一个对体育没有多少兴趣的地方也可以承办，并且成功地举办世界上第二大体育赛事；其次，估计要等上若干年珀斯才会再次举办类似的赛事。”

1962 Perth
Australia

35个国家共派出863名运动员和178名官员参加本届运动会。其中泽西岛首次夺得奖牌，英属洪都拉斯、多米尼加、巴布亚新几内亚和圣卢西亚都是首次参赛。亚丁受特邀也参加了比赛，沙巴（现马来西亚州名）、沙捞越（现马来西亚的一邦）和马来半岛最后一次独立参赛（1966年后均以“马来西亚”为名参赛）。本届运动会所设项目同上届运动会。

1962年11月22日至12月1日，第7届英联邦运动会在澳大利亚西海岸城市珀斯举行，
这届运动会场地设施较好，赛会规模盛大。图为开幕式现场航拍场景

对于珀斯，为准备本次赛会市政府新建的体育设施使得城市的中心景观以体育和娱乐为主题，这些体育设施不仅能够供给高水平运动员训练，同时还能为普通市民进行休闲娱乐提供便利。此外，澳大利亚大学开设了首个体育学位课程，可见珀斯联邦运动会的影响。

第8届不列颠英联邦运动会于1966年在牙买加首都金斯敦举办，当时很多大国都担心牙买加是否有足够的基础设施举办这样大型的运动会，而事实证明担心是多余的。引出争议的是赛事的项目安排，草地滚球和皮划艇自1950年来首次没有被列入比赛项目，取而代之的是羽毛球和射击。34个国家和地区（包括亚丁和沙特阿拉伯）共派出1316名运动员和官员参赛。

总的来看，这一时期因“二战”被迫取消两届的大英帝国英联邦运动会在战后由于得到英国政府的重视可以说进入了相对快速发展阶段，直到20世纪60年代英国文化委员会的重心又倾向于西欧。无论如何，政治仍旧影响甚至干预着运动会的进行，对南非种族隔离制度的抗议和抵制导致南非脱离英联邦运动会大家庭30年。

3. 不列颠英联邦运动会——短暂更名不温不火

1970年，大英帝国联邦运动会又短暂地更名为不列颠英联邦运动会。此后两届运动会的举办可以说是不温不火。

第9届不列颠英联邦运动会于1970年7月16日至25日在苏格兰爱丁堡开幕。本届运动会首次采取国际公制长度测量和电子终点摄影技术，伊丽莎白二世女王首次担任运动会的主席。42个国家派出1744名运动员和官员参加爱丁堡举办的首个赛事。本次赛会坦桑尼亚、马维拉和圣文森特岛都是首次获得奖牌。比赛的项目分别是：田径、羽毛球、拳击、自行车、击剑、草地滚球、游泳和跳水、举重、摔跤。

第10届不列颠英联邦运动会于1974年在新西兰的克莱斯特彻奇举行，由于受1972年慕尼黑奥运会上的惨案影响，本届赛会将与会者的安全放在赛会准备的首位，运动员村周边散布着保安，还有不少的巡逻警察。即便如此，克莱斯特彻奇的教堂和花园仍旧吸引着来这里参加运动会的游客。

本届运动会，共1276名运动员参加9个项目的竞争，除击剑项目换成射击外，其他项目与上届相同。赛会共设374枚奖牌，22个国家有奖牌入囊，其中西萨摩亚、莱索托和斯威士兰都是首次获得奖牌。

总的来说，两届运动会的举办平静中也有波澜。第9届不列颠英联邦运动会在技术运用上有所更新，电子终点摄影技术第一次在英联邦运动会上使用，并首次采用国际公制长度测量，而放弃了英制长度测量，足见英联邦运动会发展走向国际化的动向。而由于政治风波引起的奥运会惨案让第10届运动会开始重视运动会的安保措施。

4. 英联邦运动会——文化盛会渐入佳境

1978年不列颠英联邦运动会正式更名为英联邦运动会，并沿用至今。在这一时期内，特别是90年代末期以后，英联邦这个外交平台的重要性重新得到重视：“英联邦给英国提供了独特的由历史、语言和法律制度连接起来的联系网络。工党保证在我们的对外关系中重新给予英联邦优先考虑”[1]。在2002年时任英国首相的托尼·布莱尔提出的“枢纽外交”中，尽管英联邦在英国对外政策中的地位仍不及美国和欧盟重要，却已成为英国“枢纽外交”中不可或缺的一部分。而英联邦运动会的举办亦随着英联邦外交地位的提高而渐入佳境。

1978年第11届英联邦运动会在加拿大的埃德蒙顿拉开帷幕。对于埃德蒙顿的这次举办，由于新西兰橄榄球队的南非之行，1976年蒙特利尔奥运会受到了非洲国家的抵制，因此6年前（1972年）埃德蒙顿向联合会提交了申请并赢得举办权的决定，在现在看来是有些冒险的，组织者不得不十分小心地进行筹备以免重蹈覆辙，最终来自46个国家的1474名运动员和504名官员参加了本届运动会。赛会共设10个项目，分别是：田径、羽毛球、拳击、自行车、体操、草地滚球、射击、游泳和跳水、举重、摔跤。作为东道主，加拿大首次荣登奖牌榜的首位。

1982年第12届布里斯班英联邦运动会一度被认为是最成功的英联邦运动会之一。首先，赛事期间气候宜人，开幕式上13米高的机械袋鼠更为惹眼，此外，组委会成功地避免了抵制，而且创纪录地有46个国家和地区的1583名运动员和571名官员参加了本届运动会。作为东道主，澳大利亚在奖牌榜上遥遥领先于英格兰、加拿大、苏格兰和新西兰等其他代表团。

赛会共设10个项目：射箭、田径、羽毛球、拳击、自行车、草地滚球、射

[1] 黄正柏. 当代八国外交政策概要［M］. 北京：人民出版社，2007.

击、游泳和跳水、举重、摔跤。

由于实行种族隔离制度，历经近20年政治孤立和体育制裁（禁止派运动队到南非参赛）的南非终于出现在了第13届苏格兰爱丁堡联邦运动会。这是继第9届不列颠英联邦运动会后，爱丁堡第2次举办此项赛事，尽管1970年苏格兰人的好客给人留下的美好的记忆，但这一次，由于抗议南非的种族隔离制度，赛事受到了抵制，32个国家未参加，仅26个国家派出了1662名运动员和461名官员参加。赛会共设置10个项目，分别是：田径、水上项目（跳水、花样游泳和游泳）、羽毛球、拳击、自行车、草地滚球、皮划艇、射击、举重和摔跤。

第14届奥克兰英联邦运动会是这项赛事第3次落户在新西兰，也是奥克兰第二次举办这项赛事，盛大的开幕式充分展示了新西兰的社会和文化特点。

与上一届运动会相比，令人欣慰的是积极的合作精神化解了抵制的威胁，也充分诠释了联邦运动会之“友好运动会”的意义。来自55个国家和地区的2826名运动员和官员参加了本届运动会，参与国家和人数之多创历史新高。

赛会共设10个项目：田径、水上项目（跳水、游泳和花样游泳）、羽毛球、拳击、自行车、体操、柔道、草地滚球、射击和举重，奖牌639枚，其中29个国家或地区获得奖牌。澳大利亚列奖牌榜首位，其次是英格兰、加拿大和新西兰。

1994年维多利亚英联邦运动会是加拿大第4次，也是继1988年英联邦运动会后，维多利亚第2次举办此项赛事。南非种族隔离制度的结束意味着南非在英联邦运动会上的回归，以及抵制威胁的结束。运动会的开幕式和闭幕式都是在维多利亚百年体育馆举行的，赛会为此还对体育馆进行了修葺。

63个国家的2557名运动员和914名官员出席了本次运动会，澳大利亚再次位居奖牌榜首，其次是主办国加拿大、英格兰和尼日利亚，其中尼日利亚的奖牌超过了新西兰和印度的总和，展示了其强大的实力。由于1997年香港将回归中国，成为中国的特别行政区，本届运动会也就成为香港的英联邦运动会告别赛。赛会共设10个项目，分别是：田径、水上项目（跳水、游泳和花样游泳）、羽毛球、拳击、自行车、体操、草地滚球、射击、举重和摔跤。

历经68年的漫长岁月，英联邦运动会在1998年首登亚洲——第16届英联邦运动会在马来西亚吉隆坡举行。

来自70个国家的5065名运动员和官员参加了本届运动会，创造了新的参会纪录。经过16天的激烈角逐，澳大利亚、英格兰、加拿大、马来西亚和南非分列奖牌榜的前5位。瑙鲁令人欣喜地获得了3枚金牌，同是西太平洋的岛国图瓦卢和基里巴斯完成了其在英联邦运动会的首秀。

赛会所设比赛项目之多也创历史新高，共15个项目，分别是：田径、水上运动（跳水、游泳、花样游泳）、羽毛球、拳击、板球、自行车、体操、曲棍球、英式篮球、草地滚球、7人制橄榄球、射击、壁球、保龄球和举重。其中板球、曲棍球、英式篮球、7人制橄榄球等团体项目类是首次设立，并吸引了大量的现场观众和电视观众。此外，主办国还首次设立了本届英联邦运动会的官方网站，为更好地宣传和推广及记录运动会的点滴起到了重要的作用。

2006 Melbourne Australia

2002 Manchester England

2002年第17届曼彻斯特英联邦运动会是自1948年英国举办奥运会以来所举办的最为重要的综合性体育赛事，也是英联邦运动会历史上规模最大、参与国家最多的一届——来自72个国家的运动员在14个个人项目和3个团体项目中展开争夺。而这一年之所以特别还在于英联邦首脑——英国女王庆祝她的金婚周年。

本届运动会共有3679名运动员参加了17个项目的争夺，分别是：水上项目（跳水、游泳、花样游泳）、田径、羽毛球、拳击、自行车、体操、曲棍球、柔道、草地滚球、英式篮球、7人制橄榄球、射击、壁球、乒乓球、铁人三项、举重和摔跤。

而本届运动会也是运动会历史上首次在所设项目中有为高水平残疾人运动员专设的比赛，分别有田径、草地滚球、游泳、乒乓球和举重。

曼彻斯特是英格兰西北区域大曼彻斯特郡的都市自治市，是英国的交通、商业、教育和文化中心，拥有近420万的人口，约占英国总人口的70%。因此，2002曼彻斯特联邦运动会的成功举办不仅向世人宣布了其举办重大赛事的能力，也为伦敦成功申办2012年奥运会起到了重要的借鉴作用。

2006年3月15日至26日，第18届英联邦运动会在澳大利亚城市墨尔本成功举办。墨尔本是维多利亚区的首府，曾举办过1956年奥运会，是澳大利亚第二大城市，拥有约350万人口，是个多元文化城市，以其独特的艺术、文化、公园、园艺、餐饮及对体育的热情而闻名。

1998 Kuala Lumpur Malaysia

2010 Delhi India

除曾经举办过2004年英联邦青年运动会的本迪戈，以及莉莉代尔是本届运动会射击场地外，本届运动会大部分场馆都分布在亚拉河畔。运动会的开幕式和田径比赛是在世界上最大的户外运动场地之一——墨尔本板球场举行的，运动员村则位于离市中心约3公里的地方。

英国女王杯接力传递首次穿过了参加本届运动会的英联邦国家和地区，行程约18万公里（11.25万英里），最后一棒的传递是在墨尔本板球场的开幕式上，由维多利亚行政长官，也是前英联邦运动会的奖牌获得者约翰·兰迪将接力棒交给英国女王。

本届运动会所设项目共16个，分别是：水上项目（跳水、游泳和花样游泳）、田径、羽毛球、篮球、保龄球、拳击、自行车、体操、曲棍球、英式篮球、7人制橄榄球、射击、壁球、乒乓球、铁人三项和举重。5766名运动员和行政官员参加了本次运动会。人数最多的团队是东道主队，共派出535名运动员和官员，最少的是蒙特萨拉特岛队，只有4名成员。

第19届英联邦运动会在活力四射的城市新德里举行，这是印度首次举办英联邦运动会，也是该项赛事第2次在亚洲举办（第1次是在1998年的吉隆坡）。

本届运动会选择在10月开幕，这是由于当地的气候特点所致，较适宜于运动。

新德里运动员村位于首都的中心地段，占地约40英亩，共有6500名运动员和官员入住。赛会设置的比赛项目有：射箭、水上运动、田径、羽毛球、拳击、自行车、体操、曲棍球、草地滚球、英式篮球、7人制橄榄球、射击、壁球、乒乓球、网球、举重和摔跤。此外，在田径、游泳、力量举和乒乓球项目中还有专为高水平残疾人运动员设置的15场比赛。

第20届英联邦运动会和第21届英联邦运动会分别于2014年和2018年在苏格兰的格拉斯哥及澳大利亚的黄金海岸举行。

纵观这一时期英联邦运动会的发展，赛会的参与国（地区）随着英联邦成员的增加而逐渐增加，项目设置也在20世纪90年代初期趋于稳定，不仅没有出现奥运会项目过于庞杂的现象且项目设置灵活，很多项目独具英国特色。

而2002年曼彻斯特英联邦运动会更可以说是英联邦运动会发展史上的转折点，它的举办是举办城市和英联邦运动会的完美结合，不仅为城市带来了活力，同时也让英联邦运动会大放异彩。

此外，从英联邦运动会的举办地来看，英联邦国家的文化交流呈现出不平衡的状态。如英联邦运动会章程中明文规定赛会应在英联邦成员国轮流举办，但在已知的21届英联邦运动会举办地中，71个英联邦成员国中仅7个国家举办过英联邦运动会，且除牙买加、马来西亚、印度各举办过一次外，英国、加拿大、澳大利亚和新西兰4个国家几乎每隔四五年就举办一次。

5. 英联邦运动会的影响

从地理的角度看，由于参赛国家（地区）横跨欧洲、大洋洲、北美洲、非洲及亚洲，英联邦运动会的影响范围亦覆盖到这些区域。然正如在英联邦运动会的发展中提到的，英联邦运动会的举办地主要集中在英国、加拿大、澳大利亚和新西兰4个国家，因而存在着不平衡。

从文化的角度来看，英国作为英联邦的核心，一直是文化输出的一方，英联邦运动会作为英国文化外交的桥梁，不但向英联邦国家输出板球、英式篮球、草地滚球等历史悠久的传统英式运动，培养英联邦人民对这些体育项目的兴趣；同时通过英联邦运动会的举办对其语言、宗教、习俗等方面的了解增进英联邦人民对英国的认同感。

从政治的角度来看，英联邦运动会从兴起之时就与英国外交结缘，在发展过程中亦始终受其影响，表现在英联邦运动会的参与国进进出出，而从不断增加的英联邦成员国（地区）这一情况来看也反映出英联邦的文化外交政策是成功的。

英联邦运动会作为特定历史时期的产物，无论是英联邦运动会的兴起还是在

附：历届英联邦运动会一览表

届数	赛事名称	年份	举办城市	东道国	参赛国家或地区数	出席人数（运动员、官员）	项目数量
1	大英帝国运动会	1930年	汉密尔顿	加拿大	11	400多名运动员	6 项
2	大英帝国运动会	1934年	伦敦	英国	16	500余名运动员	6项，首设女子田径项目
3	大英帝国运动会	1938年	悉尼	澳大利亚	15	464名运动员和43位官员	7项
4	大英帝国运动会	1950年	奥克兰	新西兰	12	590名运动员	9项
5	大英帝国联邦运动会	1954年	温哥华	加拿大	24	662名运动员和127位官员	8项
6	大英帝国联邦运动会	1958年	加迪夫	威尔士	35	1122名运动员和228位官员	9项
7	大英帝国联邦运动会	1962年	珀斯	澳大利亚	35	863名运动员	9项
8	不列颠英联邦运动会	1966年	金斯敦	牙买加	34	1316名运动员和官员	9项
9	不列颠英联邦运动会	1970年	爱丁堡	苏格兰	42	1744名运动员和官员	9项

（续表）

届数	赛事名称	年份	举办城市	东道国	参赛国家或地区数	出席人数（运动员、官员）	项目数量
10	不列颠英联邦运动会	1974年	克莱斯特彻奇	新西兰	38	1276名运动员	9项
11	英联邦运动会	1978年	埃德蒙顿	加拿大	46	1474名运动员和504位官员	10项
12	英联邦运动会	1982年	布里斯班	澳大利亚	46	1583名运动员和571位官员	10项
13	英联邦运动会	1986年	爱丁堡	苏格兰	26	1662名运动员和461位官员	10项
14	英联邦运动会	1990年	奥克兰	新西兰	55	2826名运动员和官员	10项
15	英联邦运动会	1994年	维多利亚	加拿大	63	2557名运动员和914位官员	10项
16	英联邦运动会	1998年	吉隆坡	马来西亚	70	5065名运动员和官员	15项
17	英联邦运动会	2002年	曼彻斯特	英格兰	72	3679名运动员	17项，首设残疾人项目
18	英联邦运动会	2006年	墨尔本	澳大利亚	71	约5766名运动员和行政官员	16项
19	英联邦运动会	2010年	新德里	印度	71	6500名运动员和官员	17项
20	英联邦运动会	2014年	格拉斯哥	苏格兰	71	4947名运动员	17项
21	英联邦运动会	2018年	黄金海岸	澳大利亚	71	4426名运动员	17项

整个发展过程中，政治因素都是贯穿一致的主旋律。举办英联邦运动会的根本动力是英国希望运用体育文化外交来巩固和发展与英联邦国家之间的关系。而事实上，它一方面有效地加强了英联邦国家之间的往来，极大地增进了英联邦人民对英国的认同感，促进了各国间的联系与合作；另一方面也有效地避免了被指责为文化殖民主义者。 而在英联邦运动会80余年的发展历程中，英联邦运动会一直

都与英联邦在英国外交中的地位及英国政府的政治态度（撒切尔夫人对南非种族隔离制度的富有争议性的态度）息息相关。

如今的英联邦运动会以“友谊的运动会”为最高目标，吸引着越来越多的国家和地区参与到了英联邦运动会，使其成为真正的国际化综合性文化盛事。实践证明：在扩大影响、改善形象、巩固和发展与英联邦国家之间的关系等方面，英联邦运动会确实发挥了积极作用；而英联邦运动会的举办亦为东道国举办城市经济、文化、社会的发展起到了一定的推动作用。

6

第六章 英国与奥林匹克运动

英国人对奥林匹克运动情有独钟，在1896年法国人顾拜旦创办第一届现代奥运会之前，英国的作家、浪漫诗人、运动员、空想家等早就为现代奥运会的发展提供了创意和实践。1612年，在英格兰科兹沃山脚下的坎普登小镇举行了正式以“奥林匹克”（Olimpick）命名的运动会；之后以“奥林匹克”为名的运动会相继在英国的马奇文洛克、利物浦、伦敦、伯明翰、莫珀斯等地举行。20世纪40—50年代，英格兰白金汉郡的斯托克曼德维尔医院组织了一次由轮椅运动员参加的运动会，被视为残奥会的前身。此外，伦敦作为历史上首个三次举办奥运会的城市，分别于1908、1948、2012年三次举办，每一次都为奥运会带来了一些标志性的变化。

2012年，伦敦成为了历史上首个3次举办奥运会的城市。2012伦敦奥运会折射着英国人四百年来对体育和奥林匹克运动的热情和追求，更为奥运会史留下了诸多物质和文化遗产。本章将介绍奥林匹克运动在英国的发展历程，旨在加深读者对奥林匹克运动、英国体育及英国文化和历史的认识。

一、现代奥林匹克起源：英国地方性“奥运会”

1. 科兹沃“奥运会”

古希腊在被罗马帝国统治期间，由于罗马帝国将基督教定为国教，那时的基督教倡导禁欲主义，主张灵肉分开，反对体育运动。而古希腊奥运会在某种意义上违背了基督教的教义，因而古代奥运会于公元394年被罗马帝国的皇帝废除。之后沉睡了1000多年，直到19世纪末才得以恢复和发展。1883年顾拜旦提出举办类似古奥运会的比赛，但这不只是简单的继承，而是将过去只限于希腊人参加的运动会扩大到世界范围。顾拜旦经过不懈努力，终于说服20多个国家的代表于1894年6月16日在法国巴黎大学召开了第1届“重建奥林匹克运动会国际大会”。两年后的1896年，第1届现代奥林匹克运动会在希腊首都雅典举办。随后奥运会逐渐成长为最具影响的世界性的体育盛会。

英国历史上的体育运动会最早可以追溯到公元前七世纪。公元前632年的泰尔顿（Tailteann）运动会是学界公认的英国首个体育运动会（也有部分学者认为首次泰尔顿运动会的举办时间是公元前1829年[1]）。泰尔顿运动会是爱尔兰米斯郡每3年举行一次的地方性运动会，其目的是为了纪念爱尔兰女神泰图（Taitiu）。泰尔顿运动会在露娜莎（爱尔兰传统丰收庆典）期间举行，一般是8

[1] Rogan, M. and Rogan, M. *Britain and the Olympic Games: Past, Present, Legacy* [M]. Leicester: Matador, 2011.

月1号开始，持续30天以上。比赛项目有战车、赛马、游泳、射箭、跑步、撑杆跳高、跳高及爱尔兰曲棍球等。

直到大约公元449年日耳曼人入侵英国后，泰尔顿运动会因为战争而被迫中止。 大约过了一千多年之后，现代奥运会才开始进入孕育阶段。虽然在这段时间英国也有一些地方性体育运动会的零星召开，但其规模和影响力都远不如泰尔顿运动会。直到17世纪初科兹沃奥运会（Cotswolds Olmpicks）兴起后这种状况才开始有所改变。

中世纪晚期和文艺复兴时期，欧洲人通过大量古希腊古罗马文献重新发现了古代奥运会。17世纪初，英国绅士罗伯特·多弗以奥运会的名义在英国西南部的科兹沃尔德丘陵创办了综合性运动会，称之为“科兹沃尔德奥林匹克运动会”。

罗伯特·多弗（Robert Dover）是科兹沃尔德奥运会的创始人。多弗于1581年出生在英格兰东部诺福克郡的一个天主教中产阶级家庭；他曾就读于剑桥市的女王学院和伦敦格雷律师学院。学生时代的多弗接触了大量希腊文学作品，包括平德尔（Pinder）的《奥林匹亚颂》。他热爱写作，并在诗歌界小有名气。当时伦敦的一位牧师曾称赞多弗的诗有比肩著名诗人埃德蒙·斯宾塞之势。毕业后，多弗成为了一名律师，定居于科兹沃尔德。也许是受到《奥林匹亚颂》的启发，他模仿该诗中所描绘的古奥运会，于1612年在科兹沃尔德举办了首届“英国人的奥运会”。该运动会受到英王詹姆斯一世的支持。詹姆斯国王希望通过运动会赢得百姓的拥护，而多弗也将古奥林匹克精神与英国当时盛行的古典神话和文艺复兴思想及当时整个王国盛行的新教结合起来，认为体育运动能够增强整个王国的实力。他同时认为竞技体育能够给富人和穷人一个公平竞争的平台从而构建一个和谐的社会氛围。尽管多弗的想法具有典型的古希腊哲学遗风，但是他的这一创举与现代奥林匹克运动会有很多相似之处。

英国绅士罗伯特·多弗创办的
“科兹沃尔德奥林匹克运动会”
（图片来源：网络）

科兹沃尔德奥运会于每年5月中旬到6月中旬的圣灵降临节在格洛斯特郡（Gloucestershire）的多弗山竞技场举行。每年都有成千上万的英国民众从各地赶来参加比赛。科兹沃奥运会的项目以乡村休闲体育为主，包括障碍跑和拔河、赛马、舞蹈、男子拳击、掷大锤、斗剑、斗棍、摔跤、打猎、女子枕头大战、赛驴、象棋和扑克比赛等。运动会的闭幕式颇具节日气息，参赛选手和观众们聚集在临近比赛地的坎普登镇进行火炬游行并欣赏烟花和歌舞表演。

在过去的400年间，科兹沃尔德奥运会是英国最为成功的体育运动会之一，在英国人心中占有重要地位。由于英国内战的发生和圈地运动，该运动会历史上先后两次被迫长期停办。但每次停办之后，该运动会都获得复兴，重新举办，一直坚持至今。在伦敦获得2012年奥运会主办权之后，英国奥委会追溯英国的奥运传统，将“科兹沃尔德奥林匹克运动会”视作“不列颠奥利匹克的开端”。当然，科兹沃尔德奥运会虽以“奥运”命名，但它只是一种基于奥运理念的地方性传统体育节日，并未成长为世界性的体育盛会。

2. 文洛克“奥运会”

如果说罗伯特·多弗让人领略到古英格兰土地的芬芳，那么维多利亚时期的一位来自英格兰西部的医生兼地方法官威廉姆·彭尼·布鲁克斯（William Penny Brookes）又一次燃起了英国人举办奥运会的理想。

威廉·彭尼·布鲁克斯
（摄于1875年，时年66岁）

1809年8月23日，威廉·彭尼·布鲁克斯（1809—1895年）出生在英格兰什罗普郡（Shropshire）马奇文洛克（Much Wenlock）的一个医生家庭，自幼受到良好教育。大约在1827年，出于子承父业的考虑，其父把他送到伦敦的两所医院学医，后来他到巴黎和意大利文艺复兴名城帕多瓦继续深造。1830年，布鲁克斯的父亲因病去世，布鲁克斯于次年返回家乡，继承了父亲的医疗事业。

马奇文洛克是英格兰西部一个历史悠久的山区小镇，以中世纪遗留的隐修院和教堂而著称，人口只有一千多人。1830年代的马奇文洛克尚处在工业化的前夜，市政建设水平落后，公共卫生条件很差，底层民众知识和文明水平亟待提升，许多人酗酒成风。布鲁克斯不仅是当地一名有口皆碑的医生，还热心社会公益事业，以改良社会和移风易俗为己任。为了改变家乡的面貌，提升民众的知识和文化水平，改良社会风气，布鲁克斯在行医的同时，以很大的热心做了许多造福于民的实事。

1841年，为了提高当地工人和农民的知识文化水平，改良社会风气，布鲁克斯倡议和资助成立了“文洛克农业读书会”。读书会的活动内容非常广泛，不仅注重组织阅读科技方面特别是和当代工农业生产直接相关的植物学、地质学、工艺学著作，还组织欣赏音乐和开展体育运动。随着成员们逐渐认识到保持健康的重要性和对运动的兴趣不断提高，1850年2月25日，在读书会的一次会议上，决定专门组织成立“奥林匹亚班”，以进一步推动当地人特别是工人阶级的户外体育活动，会议还决定每年举办一次运动会。1850年10月22至23日，在布鲁克斯和奥林匹亚班的组织下，第1届运动会顺利举行，这也就是第1届文洛克奥林匹克运动会。

1850年布鲁克斯在马奇文洛克小城举办首届“奥林匹克运动会”的场景

首届文洛克“奥运会”在马奇文洛克小城的最大的休闲广场举行，比赛项目有板球、足球、少年组和成年组的赛跑、跳高、跳远等。比赛分不同的奖励级别，板球比赛获胜队可获得22先令奖金，足球获胜队可获得1镑奖金，9岁以下儿童组的赛跑比赛的奖金为2先令6分，成人组的奖金为10先令，相当于当时普通工人一周的薪水。这种奖励制度与奥运会的业余原则不符，但布鲁克斯始终强调运动会不仅仅是一次体育比赛，而是个人和团体的共同提高。文洛克奥运会的比赛规则严谨，不像人们通常认为的仅仅是对科兹沃奥运会的简单继承。例如，赛跑时运动员按年龄划分为不同的小组，跳高跳远比赛都有专门精细的测量工具。足球比赛也是按照当时私立学校制定的比赛规则执行等。据当地报纸载，第1届文洛克“奥运会”非常成功，获得的捐赠资金足以支付整个运动会的花销。正如布鲁克斯期望的一样，这些捐赠资金成为了运动会每年一次的运作资金。之后文洛克运动会有两次大的进步：首先，从1858年在小镇的北部有了专门的运动场——林登运动场；其次，从1860年开始，成立了专门的文洛克奥林匹克社团。布鲁克斯毕生向英国人实践着奥林匹克精神。但很遗憾，他于1895年12月10日去世，并未亲眼看到现代国际奥林匹克运动会的举行。布鲁克斯在世时一共举行了44届文洛克“奥运会”。他去世后，文洛克奥运会依然是当地人最大的体育盛会。

前几届文洛克奥运会的比赛项目较少，参赛者主要是当地人，因此规模较小，具有鲜明的民族性和地域性。后来，文洛克奥运会的项目设置逐渐增多，参赛者的地区分布逐渐广泛，影响范围不断扩大。除了两次世界大战中因战事偶有中断外，马奇文洛克人一直坚持每年举办自己的奥运会，一直延续到今天。

首届文洛克奥运会成功举办之后，布鲁克斯更加致力于推动体育运动。在他的努力和参与下，从1860年代起，从文洛克到全英格兰的奥林匹克运动都得到了进一步的发展。

19世纪60年代以后奥林匹克运动在英国的发展

参与范围	运动会及举办年代	组织机构和成立年代
地方性	文洛克奥林匹亚运动会（1850—）	文洛克农业读书会奥林匹亚班（1850年成立）
地区性	什罗普奥林匹亚运动会（1860，1861，1862，1863）	文洛克奥林匹亚社团（1860年成立）
	利物浦奥林匹克节（1863，1864，1865，1866，1867）	利物浦运动员俱乐部（1862年成立）
全国性	全国奥林匹亚运动会（1866，1867，1868，1874，1877，1883）	全国奥林匹亚运动协会（1865年成立）

布鲁克斯和文洛克奥运会对顾拜旦现代奥林匹克思想的形成具有重要的和直接的影响，也直接影响了顾拜旦等人于1896年在雅典举办第1届现代奥林匹克运动会。顾拜旦1863年出生的时候，文洛克奥运会已经成功举行了13届；1889年五六月间，26岁的顾拜旦第一次了解到布鲁克斯和文洛克奥运会；第1届现代奥运会是在1896年4月举行，距顾拜旦第一次了解到文洛克奥运会不足7年。

布鲁克斯一直希望能复兴古奥运会。他曾向希腊驻英大使馆提出在雅典举办国际奥林匹克运动会，但由于当时奥林匹克运动在希腊的困难境遇致使他的建议无疾而终。布鲁克斯当时也和希腊现代奥林匹克运动的冠军们保持着密切联系。现代奥运会史书上记载着一封感谢信，是希腊当局对文洛克委员会贡献的“文洛克奖”的感谢，感谢其对第一次复兴奥运会的帮助。“文洛克奖”是布鲁克斯捐助给希腊用来奖励“最佳长跑运动员”的奖项。法国人皮埃尔·德·顾拜旦也是体育教育的倡导者，在1880年之前顾拜旦不断学习其他国家的体育教育方式，目的是希望提高法国人的身体素质。这当中英国人的身体教育体制引发了顾拜旦的浓厚兴趣，他认为英国的公共体质教育体制正是英国国力强盛的保证。1889年顾拜旦对布鲁克斯的一系列举措大大赞赏，并决定在巴黎的演讲中引用布鲁克斯著作中的思想，同时写信给布鲁克斯。于是1890年布鲁克斯邀请了皮埃尔·德·顾拜旦，还特意为他举行了文洛克运动会以示欢迎，介绍了自己举办国际奥林匹克运动会的想法。有部分史学家断言：顾拜旦所看到并记录下的文洛克运动会，对他日后复兴奥林匹克运动会的计划有很大影响。因为在1890年之前的顾拜旦只是希望通过体育提高法国人的体质，但到了1892年之后他转而热衷于举办奥运会。尽管顾拜旦很少提及布鲁克斯，但1994年当时的国际奥委会主席胡安·安东尼奥·萨马兰奇拜访布鲁克斯的墓园并敬献花篮时，致辞高度赞扬了布鲁克斯，他说：“谨向布鲁克斯博士——真正的现代奥林匹克运动的奠基人致敬。”

布鲁克斯的文洛克奥林匹克课堂的目标是“促进全民的德育、体育、智育全面发展”，布鲁克斯坚信奥林匹克运动会的中心思想在某种程度上能促进社会的和谐发展。他不仅认为这一理念贯穿整个英国社会，更将这一理念呈送给顾拜旦。因此为了纪念文洛克奥林匹克运动会的历史影响，2012年伦敦奥组委决定将吉祥物命名为“文洛克”（Wenlock）。在吉祥物的头上有黄灯，这是伦敦黑色出租车的典型标志；并且“文洛克”的手上戴有奥运五环颜色的友谊手

2012伦敦奥运会吉祥物文洛克
（图片来源：http：//www.london2012.com）

环，文洛克的大眼睛有照相功能，目的是见证他们去过的每一个地方和经历的有意义的事件。伦敦奥组委表示吉祥物主要是为儿童设计，将儿童与运动联系在一起，讲述人们引以为豪的奥运会的故事，让儿童从小就接受奥林匹克教育、传播奥林匹克精神，从而养成终身锻炼的习惯。

尽管2012年伦敦奥运会比1850年的文洛克奥林匹克运动会进步很多，但是两者的目标是一致的。布鲁克斯如果还在世的话一定非常自豪，因为在马奇文洛克有以他的名字创办的学校——威廉姆·布鲁克斯学校，还有“文洛克”奥运吉祥物。威廉姆·布鲁克斯学校建立了全新的英国特色的田径场，目的在于更好地举办每年一度的文洛克奥林匹克运动会。

3. 利物浦奥林匹克节日

除了科兹沃“奥运会”和文洛克“奥运会”外，19世纪60年代在利物浦由个人和组织举行了一系列称之为“奥林匹克节日”的体育活动，这些活动在英国也只有很少的一部分人知道。该活动共举行了6届，在利物浦有4届：1862年、1863年、1864年和1867年；在威尔士西部的兰迪德诺举行了两次：1865年和1866年。“奥运匹克节日”最初由两个年轻人查尔斯·皮埃尔·迈利和约翰·赫尔利发起，他们希望能重燃古代奥林匹克圣火。虽然利物浦的“奥运匹克节日”的影响不是很广泛，但它确实是后来19世纪90年代的国际奥林匹克运动会的先例。换句话说，在文洛克奥运会上，运动员可以获得奖牌或是奖金，业余性并不是运动会关心的主要问题，职业运动员也可以参加，而利物浦奥林匹克节日则真正是完全业余运动员之间的比赛。

利物浦奥林匹克节日的重要历史意义在于它始终坚持“业余原则”为其核心原则，到1890年之后，顾拜旦开始筹划国际奥林匹克运动会，他也始终强调比赛不是为了奖金或奖牌，而是一种荣誉，哪怕冠军奖品也只是月桂花环，并且始终坚持奥运会的“业余原则”。这和利物浦奥林匹克节日的原则是一致的。这一原则在奥运会上实行了近百年，1980年的代表大会上，国际奥委会终于从《奥林匹克宪章》中删除了有关“业余原则”的规定。1988年，当职业网球选手出现在汉城奥运会赛场时，现代奥林匹克运动从此才翻开新的一页。

4. 英国莫珀斯奥运会

与马奇文洛克运动会、利物浦奥林匹克节日有所不同的是，莫珀斯每年一度的运动会在举行了7次以后才更改为“莫珀斯奥运会”（Morpeth Olympic Games）。“莫珀斯奥运会”最初是由当地商人为了地方利益而提倡的，参与者主要是当地的工人阶级的体育爱好者。后来之所以改名为“莫珀斯奥运会”，纯粹是发起人希望他们的努力能获得一定的社会认同和社会地位。并且运动会从一开始即不是“完全业余原则”，这与现代国际奥林匹克运动会也是不同的。

第一篇关于莫珀斯运动会的报道是1870年9月的《莫珀斯先驱报》。报道称，运动会在莫珀斯市中心偏北方向的旧时酿酒厂举行。比赛项目基本上都是当时流行的项目，如双人抱式摔跤、徒步术等，比赛场地的斜坡让观众从最北面可以看到整个比赛场地。这篇报道还指出运动会今后每年举行一次，并且1870年的那次运动会是盈利的。但是1871年和1872年并没有莫珀斯运动会的相关报道。1873年8月，当莫珀斯运动会再次在旧时酿酒厂举行时，运动会的管辖权已经易主给埃德蒙·多布森（Edmund Dobson），当时他只有30岁，是个车轮制造者兼摔跤运动员。据《莫珀斯先驱报》报道，当时比赛过程中依然有赌博的现象。运动员获胜后不仅能赢得比赛奖金，还可获得投注者的额外奖励。虽然运动会官方是不允许有赌博现象的，但是这一禁令事实上无法强制让人执行。这样一来，相比其他地方性的比赛，莫珀斯运动会的奖金会高出很多倍。这也许就是人们猜测它改名的重要原因。1879年，多布森和该运动委员会宣称莫珀斯运动会为“莫珀斯伟大的运动会”，1882年8月，“奥林匹克”开始在《莫珀斯先驱报》的广告和新闻报道上出现，如“在莫珀斯的奥林匹克运动会”和“莫珀斯奥运会”。当然这也与当时德国人在古希腊奥林匹亚山上发掘了古奥运会遗址有关；另外也向外界证明该运动会是北英格兰地区最权威的运动会。随着莫珀斯城市人口的增加和不断有财团对比赛的捐助，使得这项运动会吸引着更多的高水平运动员。到1895年，比赛的最高奖金达到176英镑，这在当时是笔不菲的收入。

随着1896年现代奥运会的复兴，莫珀斯体育委员会的成员在埃德蒙·多布森的领导下，也在不断地发展壮大当地的体育事业。首先就是卖掉原来的旧的酿酒厂，选了新址，修建了新的比赛场地——农庄运动场（Grange House Field）。并且由于宣传力度的增大、观众的增多、门票收入的增加，使得当时的诸如摔跤比赛的奖金不断翻番，比赛项目多样化，运动员的水平也更高了。尽管20世纪上半叶由于战争、经济危机等因素的影响，英国当时国内体育发展也多少受社会大环境的影响而有所削弱，但莫珀斯奥运会即使在最困难的20世纪20年代，仍然表现出强劲的发展态势。例如：首先，它成功举办了“世界杯”摔跤比赛，参赛队主要来自英国的坎伯兰郡和威斯特摩兰郡，共进行了两个重量级别的比赛；其次，它引入了拳击赛，扩大了参赛选手的选择范围，吸引了更多的观众。第二次世界大战之后，莫珀斯体育委员会经过不断努力，将“二战”期间已经成为农业用途的比赛场地农庄运动场重新修复，并改名为“莫珀斯体育运动场”（Morpeth Sports Stadium）。到1953年莫珀斯运动会渐渐走向滑坡，主要原因有：“二战”后，经济复苏，人们的休闲方式的多样化，人们的娱乐方式不仅仅是参与和观看体育比赛；另外，比赛的奖金数量不能引起更多的专业运动员的兴趣；再次，政府的各种税收使得运动会的正常运转出现困难，加之运动会的委员们大都年龄较大，不愿推陈出新、不愿增加比赛项目等，使得莫珀斯运动会在举行了77届后，到1959年4月时委员会成员们感到再也力不从心，经商议莫珀斯运动会告别了历史舞台。虽然科兹沃“奥运会”和马奇文洛克“奥运会”都经历了一段在复兴之前的被迫中止阶段。但与这两项运动会不同的是，莫珀斯运动会的运动员的职业化成为它的一大障碍，使得它无法再进行下去。

国际奥委会在制定奥运会比赛原则时，最初强调运动员的完全业余原则，直到1980年以后，职业运动员才可以参加奥运会，因此，无论是国际奥委会还是英国奥林匹克协会始终将莫珀斯运动会排除在奥运会历史之外。但莫珀斯运动会在整个英国体育史的地位是不容忽视的。莫珀斯运动会是工人阶级力量和技术的展台，组织者采用全透明的职业化选手，运动员完全不用掩盖自己专业运动员的身份，是真正的公平、公开、公正的比赛。而不像当时的其他运动员在“完全业余原则”的文化背景下成为“冒牌业余选手”（Shamateurism）。

二、英国全国性“奥运会”

在1865年之前，英国国内各种形式的“奥运会”及奥林匹克节日都是当地事务，并没有形成全国范围的影响；科兹沃“奥运会”、文洛克运动会、利物浦奥运会节日等虽然也有其他地区的运动员参加，但还不能称之为全国性的运动会。1865年11月，威廉姆·佩妮·布鲁克斯、约翰·赫尔利及其他一些热心社会团体在利物浦相聚决定成立一个新的组织——全国奥林匹克运动协会（NOA）。全国奥林匹克运动协会的主要目的是每年组织由不同的城市承办的全国性“奥运会”，比赛的组织形式类似于当代中国的全运会。

英国全国奥林匹克运动协会的组织者根据各自主办地区比赛的经验，认为成立全国奥林匹克运动协会将促进全国体育的发展。以往的实践证明举办大型运动会需要有组织地协调和统筹各项事务，但全国奥林匹克运动协会在当时并没有预期的那么成功。成立初期组织了两届成功的全国奥运会，即1866年伦敦和1867年伯明翰全国奥运会，后期由于运动会的开支增大、领导层与各地区的行政长官的分歧，以及对“业余原则”的不同解释等原因，1883年全国奥林匹克协会最终宣告解散。

当时伦敦作为英国的首都，和现在一样，体育文化的发展比其他城市更快、更广，城市人口更多。据统计，1861年的伦敦人口总数超过280万，是当时英国第二大城市利物浦人口的6倍。伦敦拥有众多由中学和大学的学生组成的各种俱乐部，如1865年创立的伦敦划船俱乐部、1859年的伦敦游泳俱乐部、1863年的伦敦运动员俱乐部和1863年的英国足球俱乐部等。首届英国全国性“奥运会”于1866年7月31日开始在伦敦举行。项目大多数与文洛克和利物浦“奥运会”类似。鉴于当时的英国的体育运动项目在军队中很盛行，英国全国奥林匹克协会也为陆军和海军的部队提供了比赛的舞台，还有为志愿参军者准备的模拟战场，让他们穿上军装，带上武器比赛。参赛选手有的来自伦敦本地，也有来自利物浦、诺维奇、温切斯特和布里斯托尔等地区。在比赛结束后还举行了野餐。运动会的发起人布鲁克斯强调了全国奥林匹克运动会给了全英国的运动员公平竞争的机会，同时他希望下一届的全国“奥运会”可以在英国的其他城市举行。南安普顿、诺维奇、布里斯托尔及伯明翰都希望举行全国性“奥运会”。

伯明翰之所以被选为第2届英国全国性“奥运会”的举办地，主要是由于伯明翰在当时有几个发展得很好的俱乐部的支持。如1866年成立的伯明翰运动员俱乐部、1870年左右组成的网球俱乐部等。另外从伦敦到伯明翰开通了火车，这一有利的交通条件也给予了伯明翰有力支持。于是第2届英国全国性“奥运会”于1867年6月25日至27日在伯明翰举行。运动会结束以后，在伯明翰市政厅举行了颁奖仪式并且举行了“奥运会运动员”舞会，最后由布鲁克斯致闭幕词。他再次强调推行体育教育的重要性，以及普及奥林匹克精神对整个民族的重要作用。

1868年全国奥林匹克协会在文洛克和英格兰西部的西洛普郡零星地召开了几次会议，决议由曼彻斯特承办第3届全国奥林匹克运动会，但未能成功说服当地的俱乐部和组织。曼彻斯特的断然拒绝使得第3届全国奥运会未能在任何一个大城市举办，而是在西洛普郡举行。运动会举行时间是1868年8月25—26日，这次比赛不能称之为“全国性”，并且由于天气原因，观看比赛的观众也不多。1869—1874年期间，全国奥委会处于解散状态，未能举办运动会。直到1874年重组的全国奥林匹克协会才再次于马奇文洛克举办了重组后的首届“奥运会”——第4届全国“奥运会”。但1875年1月，布鲁克斯试图再次游说曼切斯特举办全国“奥运会”又以失败告终，之后的几年都未能举办，直到1877年8月，第5届全国“奥运会”在什鲁斯伯里举行。最后一次的全国“奥运会”在西洛普郡的哈德利小村举行。由于布鲁克斯提倡的全国奥林匹克协会当时根本没有任何资金支持，因此其为之终生奋斗的奥运之梦亦就此破灭了。

尽管如此，英国的奥林匹克协会在奥运会历史上仍具有重要意义。首先，它是奥运会史上首次成立的奥林匹克运动组织，比国际奥委会的成立早29年，比英国奥委会的历史早40年。其次，全国奥林匹克协会是首个试图将不同地区的个人和组织团结起来举办综合性运动会的协会组织。最后，全国奥林匹克协会是首个通过英国国内各个地区游说集资来筹办每届运动会的组织。这种集资方式在20世纪后的50年内很流行，尽管这种集资方式并不容易。

英国全国奥林匹克协会在当时是一大创举，全国奥林匹克协会同时也增强了英国的奥运选手的民族精神。例如，它坚持业余原则，大大促进了全国的竞技体育水平。另外，还有一些人在这之后创立了其他的组织，如国民体育娱乐社团，以及以后的现代国际奥委会和英国奥委会。总之，全国奥林匹克协会（NOA）尽管存在时间很短，但在众多的奥运事件中毫不逊色地占有一席之地。

三、英国承办的国际奥林匹克运动会

1. 1908年伦敦奥运会

在筹备2012年伦敦奥运会和残奥会期间，英国人不仅仅是为了28天的体育比赛，而是更多地关注于奥运会对整个民族的积极作用，特别是举办奥运会的伦敦东部地区的体育和健身设施的完善、城市化进程的加快、房屋改造、就业增加及教育机会的增多等。

英国早在1997年就开始着手准备申办2012年夏季奥运会，并在2003年正式向国际奥委会提出申请，2005年7月6日获得2012年奥运会的主办权。英国从1997年到2005年的8年时间已经做了很多准备工作，到2012年，共有15年的准备时间。

1908年伦敦奥运会与2012年伦敦奥运会相比，准备时间都不到两年。在这么短的时间内，英国人还没有讨论到奥运会的奥运遗产。然而，尽管比赛仓促准备，但英国政府表现出惊人的工作效率。他们在当时简陋的技术条件下，迅速地在伦敦西区一个荒芜的丛林地带兴建了一座可容纳7万余名观众的“现代”运动场，即“白城”（White City）运动场。1908年奥运会实施了标准化和规范化管理，为未来奥运会的举办构建了基本框架。

事实上1908年的奥运会原本并非定在伦敦举行，而是在意大利罗马。1906

年，意大利以西南部的维苏威火山喷发造成200多人死亡为理由，向国际奥委会提出了因无力兴建体育场馆而放弃主办权的申请。

英国德斯博罗勋爵（Lord Desborough）勇敢地承接了1908年奥运会的主办权。首先，他说服了爱德华七世。当时爱德华七世正好也在雅典拜访他的妹夫——希腊的乔治国王，且当时爱德华已经对国际奥委会有所关注。1904年6月，在圣路易斯奥运会之前，爱德华七世国王在温莎城堡宴请了国际奥委会的委员们。查尔斯王子和伦敦市市长也邀请了委员们参加了酒会和舞会，国际奥委会相信伦敦有实力办好奥运会。爱德华对德斯博罗勋爵承办1908年奥运会只有一个规定：绝不使用政府公款。这对德斯博罗勋爵来说不是什么大问题，因为当时伦敦有很多经营体育的俱乐部，如英国马球总会俱乐部、女王俱乐部、温布尔登的所有英格兰俱乐部都会提供帮助。他本人也是伦敦市中心的一个俱乐部的总裁；他同时坚信英国奥林匹克委员会也有能力办好奥运会，毕竟英国已经有举办大型运动会的经验，顾拜旦本人也亲眼见到过。1906年8月，国际奥委会将1908年奥运会的主办权交给了英国。

同年11月英国开始为奥运会进行准备。首先是成立一个专门的组织——英国奥林匹克委员会（British Olympic Council）用以处理和应对奥运会的各项事务。正如德斯博罗勋爵在英国出版社公开发表的一封信中所说："既然英国是很多运动项目的发源地，那么奥运会在英国举行，就要让它与这个热爱运动的民族相匹配。"这意味着，奥运会就是奥运会，而不是其他展览会的附属品。

尽管1908年奥运会是现代第4届奥运会，但却是首次在巨型运动场举行的运动会，这也是一大创举。运动场的建成仅仅用了9个月的时间。这座"巨型运动场（the Great Stadium）"又称"白城"运动场。当时英国还承办了1908年世界博览会，会期是1908年4月30日至10月31日，参观者近840万人次。1908年伦敦世博会是由当时的英国、法国两国经过友好协商后举办的。展览主要涉及英法两国在工业、商业和文化领域内的成就。会场选在伦敦西部一块大约140英亩的农田，开辟了艺术区、进步区、娱乐场等区域。建筑以白色为主，称为"白城"。其中拥有6万余个座位的体育场也建在这里，故被称为"白城体育场"，伦敦奥运会的大部分比赛项目都在这里进行。这一举措，也吸引了众多的观众来到世博会的场地进行参观游玩，一举两得。但是白城运动场主要是为了20世纪初期的英法展览会而准备的，展览会是为了庆祝英法两国政府间的相互谅解。由于建馆之初只是为了展览会，因此对场馆的后期使用并未做过多的讨论。当时这个巨型体育场比英国其他的运动场都大，1908年英国奥林匹克筹委会在他们的官方文件中写道：这座体育场可容纳7万名观众，共有1.7万个座位。

1908年伦敦奥运会开始进行运动员入场仪式，无形中强化了运动员代表国家参加比赛的身份。图为运动员在本国国旗引导下入场

1908年7月13日伦敦奥运会在雨中开幕，尽管天气不佳。但国王、王后及国际奥委会官员出席了大会，在一定程度上振奋了运动员的精神。这届奥运会首次规定，开幕式上各代表团应服装统一，在本国国旗引导下列队入场；并规定旗手通过英国国王爱德华七世观礼台前时，要将旗帜下垂以示致敬。由于国旗问题在开幕式上引起了一些纠纷。首先，美国、瑞典代表团进入会场后，发现会场没有悬挂他们的国旗，向组委会提出了抗议。然后，担任美国旗手的美籍爱尔兰人不愿向爱德华七世致敬而高举大旗通过了主席台，引起了一阵骚动。此外，与俄国为一个代表团的芬兰选手（当时俄、芬为一个代表团，但单独参加比赛）认为在帝俄旗帜下入场是一种耻辱，因此拒绝参加开幕式。虽出现了一些纠纷，但某些

做法，如代表团身着统一服装，在各自的国旗引导下列队入场等仪式为以后各届奥运会开创了先例。

除了首次有专门的奥运赛场举办奥运会之外，1908年伦敦奥运会由英国官方组织比赛及制定规则等都值得以后的奥运会学习借鉴。简而言之，本届奥运会由24个大项、109个小项组成；共有来自23个国家的2023人参加比赛。这使得本届奥运会不仅仅是奥运史上首次规模最大的比赛，同时也是国际运动会史上规模最大的比赛。因此，比赛的组织成为头等大事。根据计划，比赛分为两个部分：夏季和冬季。夏季比赛开始于4月27日在西肯辛通（West Kinsington）举行的网拍式壁球比赛（Racquets Tournment），结束于8月29日在南安普顿举行的水上摩托。在夏季奥运会期间，主要的比赛集中在7月13日到25日于“白城”运动场进行。中间休息了7周以后，10月份新的赛季开始了。项目主要有在伦敦中部骑士桥的王子俱乐部举行的为期两天的滑冰比赛和在伦敦东北部克兰肯威尔的南安普顿学院举行的赛期为一天的拳击比赛。同时从10月19日到10月31日，在巨型体育场内举行了足球、橄榄球、长曲棍球和曲棍球的比赛。尽管官方将此记载为“冬季运动会”，但10月份举行的冬季赛从现代意义上不能称之为“冬奥会”。真正的首届冬奥会是1924年1月25日至2月5日在法国的夏蒙尼举行的。整个奥运会历时188天，与2012年的15天伦敦奥运会和12天的残奥会相比，1908年的伦敦奥运会历时过长。对于普通公众来说，当时观看奥运会是为了满足好奇心，因为即使是对运动很感兴趣的人，也不可能在一年之内花费188天关注奥运会。

总体上来说，1908年奥运会有很多值得之后奥运会借鉴的地方，对英国体育的发展也有很大的推动作用。另外和之前的两届奥运会（即1900年在巴黎、1904年在圣路易斯）与世博会同时举行的情况相比较，前两届奥运会是完全依托世博会，并在世博会举行的中期就结束了，并没有什么太大的社会影响。但是伦敦的这次奥运会的声势已经有赶超世博会的趋势了。尽管举办得有些仓促，但还是十分成功。参赛国与运动员总人数比前三届的总和还要多，而且还第一次实现了欧洲、美洲、亚洲、非洲和大洋洲五大洲国家聚首。本届奥运会还为奥运会各项比赛制度的正规化做出了重要贡献。大会不仅正式向获得冠军的选手颁发金质奖牌，而且还第一次印发了各国得奖统计表等，这一举措对以后各国进行这方面统计或计算正式的得分产生了积极影响。也是从这之后，奥运会在全球的影响力与日俱增。

2. 1948年伦敦奥运会

如上所述，1908年奥运会是在意大利于1906年宣布放弃奥运会的主办权的情况下，英国应对这一紧急情况所做出的选择，且仅仅用了两年的准备时间。1948年伦敦奥运会和1908年伦敦奥运会面临类似的情况，只是当时的社会背景不同而已。

1948年伦敦奥运会同样以“节俭的奥运会”留名，因为这是第二次世界大战中断了12年后举行的首届运动会，是奥林匹克运动的新起点。人们在长期的战争中饱尝了家园被毁、亲人死去的痛苦，在这块饱受战争摧残的土地上，集全国之力量举行了奥运会，让人们感受和平和友谊的珍贵，享受荣获金牌的喜悦，而且也给了继1936年被操纵的奥运会一次新的生命。

1948年奥运会甚至有小的盈利，约2.9万英镑，这让许多评论家深思，现代奥运会为何不能保持节俭的作风？那么“二战”后的伦敦是如何获得1948年奥运会的主办权的呢？

简单地说，奥运会因为第一次世界大战才被迫停办1916年的比赛。“二战”期间的两届奥运会都成了战争的牺牲品。第一次是1940年计划在东京举行的第12届奥运会，1937年7月7日发生了卢沟桥事变，随后爆发了长达8年的日军侵华战争。1938年7月，国际奥委会于开罗举行会议，中国奥委会强烈抗议日本违反了奥林匹克和平友谊的精神。会后不久，日本奥委会在军方的压力下，宣布1940年日本为了纪念神武纪元2600年，要在1940年举行大规模的军事演习而无法举行奥运会。随后，国际奥委会将夏季奥委会会址改成赫尔辛基。但由于第二次世界大战的爆发，加上苏联和芬兰爆发冬季战争，芬兰放弃主办权，随后，战火遍及欧洲和世界各地，第12届奥运会也就被迫取消了。1939年6月，国际奥委会选定了第13届奥运会会址，申请主办这届奥运会的有伦敦、雅典、布达佩斯、底特律、洛桑和蒙特利尔6个城市。最终伦敦获得举办权，但同年9月第二次世界大战欧洲战场开辟，直到1944年大战仍未停歇，奥运会只好停办。

战争一结束，1945年10月，国际奥委会委员、英国奥林匹克协会主席、前奥运会金牌获得者伯利伯爵（Lord Burghley）为了让奥运会能继续传承下去，向国际奥委会申请伦敦承办1948年奥运会。他在申办书中提出，对于英国而言，这也是一个战后振奋民族精神的好机会，尽管当时并没有多少民众能理解他的这一做法。1946年3月，国际奥委会全票通过了伦敦的提议，伦敦获得1948年第14届奥运会的主办权。

1946年3月16日在伯利公爵的组织下实时地成立了伦敦奥组委。组委会成员包括“二战”前国家健康委员会主席阿伯德尔伯爵（Lord Aberdare）、居住在伦敦的前新西兰奥委会委员约瑟·波利特（Arthur Porritt），和伯利一样，他在1924年奥运会上也获得一枚金牌。组委会很快成立了一个执行委员会，在之后的两年不断吸收英国政界、军界和体育界的人才。伦敦奥组委之所以能成功举办1948年奥运会有三个主要原因：

首先，英国在经历了长达6年的战争后，军队可以为奥运会提供精密的准备和组织。过去的驻扎军队的所在地成了运动员的奥运村。军事化的设备为奥运会服务，甚至伦敦的维多利亚街上曾经是陆军和海军的办公地成了奥组委的办公室。其次，这次奥运会的申办成功很大程度上要多亏伯利公爵的超级说服力。他说服了当时英国的工党首相克莱门特·艾德礼（Clement Attlee）提供政府财政支持。再次，组委会游说当时刚刚封爵的约瑟·埃尔温先生（Arthur Elvin），提供了温布利球场和帝国游泳池。由于原“白城”体育场跑道长 536.45米，不符合比赛要求，所以温布利体育场作为比赛的主赛场。温布利体育场建于 1924年，是非常传统的体育建筑，球场纵长的场地两端为两个半圆形，与跑道形状相对应，看台也被建成纵长形，能够容纳6万名观众。至于看台结构的设计，则采用了建造横向信道、楼梯及开放每个单独看台区等方法。同样顶棚也是纵长的，在20年代，如果体育场顶棚的建筑不使用支柱，那么在技术上就是行不通的。同其他建于战前的体育场一样，温布利体育场在这方面也有一定缺陷，观众欣赏比赛时的视线受到一定的影响。在温布利体育场旁边建有一座游泳馆，奥运会的游泳比赛就在这里进行。曾经参加过1936年奥运会的约瑟·埃尔温先生坚信1948年的奥运会将会有很大的商业价值。他不仅提供了温布利体育场的所有设备，同时劝导其他股东承诺支付奥运会10万英镑用来交换奥运会的门票出售权。他本人额外拿出10万英镑用来保证这些投资者的利益。

1948年奥运会有来自59个国家和地区的4100名运动员参赛，其中有390位女性运动员，这是以往奥运会所不及的；另外还为某些首次参加奥运会国家的运动员提供了伊斯兰教律法的合法食物，例如，伊拉克、黎巴嫩、叙利亚。1948年伦敦奥运会首次实现电视转播，尽管当时英国很少家庭拥有电视机。英国广播公司（BBC）向奥组委支付1000英镑购买了奥运会的电视转播权。至今，在BBC的网站上仍然能见到1948年伦敦奥运会的历史档案。另外英国在举办奥运会的同时还举办了一系列的文化宣传活动，其中比较有影响力的是在维多利亚女王和艾尔伯特亲王纪念馆（Victoria and Albert Museum）里举行的一次主题为体育的艺术展，正如顾拜旦当初所设想的，奥林匹克美术大会组委会邀请了绘画界、雕塑界、建筑界等专家参与。奥运会最终的196枚奖牌和奖状由27个国家获得，还有几场出色的展览；在皇家阿尔伯特音乐厅举行了音乐会、文学和作曲比赛等；当时奥运会的门票只有两先令，公众观看比赛的热情高涨。当然本届运动会并不是最完美的，也有因为裁判工作出现明显失误，给人留下不佳印象，特别是在拳击和游泳比赛中，因东道主裁判不公而争吵的事时有所见。不过，这届奥运会就整体而言，可以说是非常成功的。它对促进奥林匹克运动发展起到了承前启后的积极作用。或许是由于战争的结束，人们心情轻松，本届奥运会的观众很踊跃，有一定的门票收入，而且大约有50万英国人从电视上观看了比赛。

从21世纪人的角度来分析1948年奥运会，可以说它具有丰富的历史内容。在1998年纪念这届奥运会举办50周年的时候，人们还没有充分认识到这届奥运会的重要性，而随着2012年奥运会的临近，成千上万的1948年奥运会参与者和观看者感触颇深。2008年，纪念1948年伦敦奥运会60周年时，大量的史料、文章和书籍的问世，特别是珍妮·汉普顿的《节俭的奥运会》（*Austerity Olympics*）一书中再现了大量丰富的历史材料。珍妮·汉普顿在书中指出1948年奥运会留给我们的财富是学会如何在艰难的条件下重塑民族精神，是享受参与的过程而非成为大赢家，学会公平、友谊、慷慨地对待每一位前来参加奥运会的远方客人。伦敦人民在1948年确实表现了这些美好的品质，得到了外国游人和记者的称赞。来自美国匹斯堡的一位先生给英国《图片邮报》的致谢信中说："非常感谢伦敦人民的热情、友好、礼貌、恩惠"；另外一位来自瑞士的记者在杂志社的报道上说："没有一个国家有这么的礼貌和友好"，他玩笑式地说自己唯一不满的就是伦敦的饭店里的茶勺不够用。

2005年7月6日，国际奥委会在新加坡举行的第117次国际奥委会会议上宣布，由英国伦敦主办2012年第30届夏季奥林匹克运动会。这座已经成功举办过两次奥运会的城市又一次与奥运握手拥抱。

伦敦是迄今为止举办夏季奥运会次数最多的城市，也是历史上首座三度举办奥运会的城市。与之前的1908年和1948年奥运会有所不同的是，第30届夏季奥运会，伦敦将更多注意力放在奥运遗产上，即希望通过奥运会改变伦敦东部地区及整个英国的面貌。

为了处理奥运会遗产，尤其是赛后场馆的利用，伦敦于2009年5月成立了奥运遗产公司，专门负责奥运会后奥林匹克公园公共空间的开发和管理。对于以往历届奥运会主办城市最头疼的主体育场的赛后利用问题，伦敦已经不用担心，现在已经有包括西汉姆联足球俱乐部队在内的4家俱乐部申请租赁该体育场。

2012年3月28日，国际奥委会主席罗格与英国首相卡梅伦举行了会谈，罗格赞扬伦敦在处理奥运遗产方面为未来奥运会主办城市树立了新标杆，而卡梅伦也承诺伦敦将举办一届“最伟大”的盛会。罗格也对此表示极为赞赏，他说：“我们已经看到伦敦东区的改造取得了明显的效果，这座伟大的城市为将来的奥运主办城市树立了榜样。” 伦敦奥组委主席塞巴斯蒂安·科说：伦敦奥运会将是一次空前的体育和欢乐的盛会，但他希望奥运会带来的不只是这些，“我的梦想是所有年轻人在观看了世界上最优秀的运动员的表现后，能受到鼓舞，并亲自参与到体育锻炼中来”。

总之，伦敦不仅是英国的首都，英国的政治、经济、文化与交通中心，还是世界金融中心之一。伦敦的悠久历史、雄伟风姿让人流连忘返，事实证明，2012年伦敦奥运会不仅仅是一次体育盛会，同时也是全世界人民共享的一次文化盛宴。

3. 斯托克曼德维尔运动会

20世纪，世界体育的发展趋势就是体育面向所有人，无论是处于何种等级、性别或是种族。但是即便是在20世纪50年代以后，人们思想观念上依然认为身体残疾的人不应该参加竞技体育。当然，在21世纪，残疾人奥运会已经成为世界奥林匹克运动不可分割的重要组成部分。追根寻源，残奥会的前身要追溯到20世纪英国的斯托克曼德维尔运动会（Stoke Mandeville Games）。

20世纪40年代，经历了第二次世界大战后的英国有很多在“二战”中因脊髓受伤而下肢瘫痪的军人，而当时医疗条件相对简陋，为了能让他们尽快康复，英国的神经外科医生路德维格·格特曼（Ludwig Guttmann）和其他一些热衷于残疾人事业的知名人士于1948年英国举行第14届夏季奥运会期间，组织了一批轮椅选手在英格兰白金汉郡一个叫斯托克曼的村庄举办了自己的运动会，称为斯托克曼德维尔运动会。路德维格·格特曼1899年7月出生在中欧的西里西亚地区。他在波兰西南部的布雷斯劳市（Breslau，1945年波兰统治后的名称）开始他的医学生涯，他精通神经科和神经外科手术。但和其他犹太人一样，在德意志帝国的统治下，路德维格·格特曼受到纳粹分子的迫害。1938年，他获得了英国的签证，举家来到了英国，定居在牛津市。“二战”后，获得英国国籍。路德维格·格特曼并不是发现运动有利于残疾人身心康复的第一人，就英国来说，早在1871年，在格拉斯哥成立了一支聋哑人足球队。“一战”期间，伦敦一家专为盲人服务的机构——圣邓斯坦（St. Dunstan’s），为盲人提供游泳、划船、赛跑、自行车、足球等运动用以协助他们重归社会并养成良好的生活习惯。1932年，英国独臂人高尔夫球社团成立，这些都说明，身体残疾并不代表就不能参加各种运动项目。

1952年，国际斯托克曼德维尔运动会联合会在英国成立。并且首次举办了国际斯托克曼德维尔运动会，第一支外国代表队——丹麦队参加了比赛。1954年的运动会有14个国家参加。到1959年7月的斯托克曼德维尔运动会，参赛人数增至20个队的360人，运动项目增至11个，包括：竞技运动、击剑、桌球、乒乓球、举重、游泳等。

残奥会吉祥物曼德维尔
图片来源：http：//www.london2012.com

1960年，第9届国际斯托克曼德维尔运动会在意大利的罗马举行，来自世界23个国家的400多名残疾人运动员参加了此次运动会。这届运动会后来被国际奥委会正式承认为第1届残疾人奥林匹克运动会。从1960年开始，残奥会每4年举行一次，1988年汉城奥运会后，残奥会和夏季奥运会从此同城举行。这次残奥会再次回到英国土地上，为了纪念由斯托克曼德维尔运动会演变而来的残奥会，特将伦敦残奥会的吉祥物命名为曼德维尔。曼德维尔手上戴有秒表，头上和“文洛克”一样，有相机功能。

与世界上其他民族一样，英国人可以很快列出他们对世界文化的贡献：莎士比亚、议会民主、工业革命、下午茶、甲壳虫乐队等。英国人同样将他们热衷于组织运动会的做法推广到了全球。英国运动员们，无论男女都曾改革、发明、编纂过各种在国际上有重大意义的运动项目，如足球、板球、高尔夫、冰球、保龄球、墙手球、壁球、水球、飞镖游戏、桌球等。通过本章对英国举办和参加奥运会历史的梳理可以看出英国的体育运动会开展之好、历史之悠久。英国人热衷于复兴奥运会，传承奥运精神，并为国际奥林匹克运动做出了卓越的贡献，特别是在奥运会面临困难的时候所表现出来的勇于承担、乐于奉献、为之奋斗的精神让人佩服。事实证明，英国人把2012伦敦奥运会办成了一届“激励一代人”的体育盛会，奥运会因为伦敦这座拥有多元文化的城市而更加风姿绰约。

附 录

表1 英国参加夏季奥运会获奖牌总数统计

举办时间、城市	参赛人数	金牌数	银牌数	铜牌数	奖牌总数	排名
1896年雅典奥运会	8	2	3	2	7	5
1900年巴黎奥运会	103	15	6	9	30	3
1904年圣路易斯奥运会	3	1	1	0	2	6
1908年伦敦奥运会（主办国）	676	56	51	39	146	1
1912年斯德哥尔摩奥运会	293	10	15	16	41	3
1920年安特卫普奥运会	204	15	15	13	43	3
1924年巴黎奥运会	307	9	13	12	34	4
1928年阿姆斯特丹奥运会	234	3	10	7	20	11
1932年洛杉矶奥运会	74	4	7	5	16	8
1936年柏林奥运会	225	4	7	3	14	10
1948年伦敦奥运会（主办国）	375	3	14	6	23	12
1952年赫尔辛基奥运会	293	1	2	8	11	18
1956年墨尔本奥运会	200	6	7	11	24	8
1960年罗马奥运会	252	2	6	12	20	12
1964年东京奥运会	199	4	12	2	18	10
1968年墨西哥城奥运会	310	4	5	9	18	12
1976年蒙特利尔奥运会	234	3	5	5	13	13
1980年莫斯科奥运会	222	5	7	9	21	9
1984年洛杉矶奥运会	355	5	11	21	37	11
1988年汉城奥运会	382	5	10	9	24	12
1992年巴塞罗那奥运会	389	5	3	12	20	13
1996年亚特兰大奥运会	303	1	8	6	15	36
2000年悉尼奥运会	320	11	10	7	28	10
2004年雅典奥运会	270	9	9	12	30	10
2008年北京奥运会	313	19	13	15	47	4
2012年伦敦奥运会（主办国）	556	29	17	19	65	3
2016年里约奥运会	364	27	23	17	67	2

数据来源：BOA, “Team GB Statistics”. http://www.olympics.org.uk/statistics.aspx. Retrieved 2008-08-24.

表2 英国参加冬奥会获奖牌总数统计

举办时间、城市	参赛人数	金牌数	银牌数	铜牌数	奖牌总数	排名
1924年夏蒙尼冬奥会	45	1	1	2	4	6
1928年圣莫里兹冬奥会	33	0	0	1	1	8
1932年普莱西德湖冬奥会	4	0	0	0	0	–
1936年加米施帕滕基辛	39	1	1	1	3	7
1948年圣莫里兹冬奥会	62	0	0	2	2	13
1952年奥斯陆冬奥会	20	1	0	0	1	8
1956年科蒂纳丹佩佐	45	0	0	0	0	–
1960年斯阔谷冬奥会	17	0	0	0	0	–
1964年因斯布鲁克冬奥会	49	1	0	0	1	11
1968年格勒布诺尔冬奥会	46	0	0	0	0	–
1972年札幌冬奥会	40	0	0	0	0	–
1976年因斯布鲁克冬奥会	50	1	0	0	1	12
1980年普莱西德湖冬奥会	50	1	0	0	1	11
1984年萨拉热窝冬奥会	54	1	0	0	1	11
1988年卡尔加里冬奥会	57	0	0	0	0	–
1992年阿尔贝维尔冬奥会	54	0	0	0	0	–
1994年利勒哈默尔冬奥会	35	0	0	2	2	21
1998年长野冬奥会	33	0	0	1	1	22
2002年盐城湖冬奥会	51	1	0	1	2	18
2006年都灵冬奥会	40	0	1	0	1	21
2010年温哥华冬奥会	50	1	0	0	1	16
2014年索契冬奥会	62	1	1	2	4	19
2018年平昌冬奥会	59	1	0	4	5	19

数据来源：BOA, "Team GB Statistics". http://www.olympics.org.uk/statistics.aspx. Retrieved 2008–08–24.

后 记

在英国民族历史中，我们看到了运动游戏连贯发展的完整画卷。如果时光穿越来到古代英国，你可能是一名盛装骑士，策马持枪、意气扬扬，也可能是一名普通平民，在城堡、教堂广场或者是郊野，疯狂地投身于足球、曲棍球等群体竞赛中；如果到工业时代，你可能是公学的一名少年，身姿矫捷地在学校的运动场上开展课外运动竞赛；如果你去到当代的英国，则可能会被体育场内绚烂的色彩吸引，你的闲暇生活，不是在体育场，就是在去往体育场的路上。

这是一个运动着的民族，在古代"快乐的英格兰"，运动体能游戏是一种被宗教、社会规束、建构的文化活动，无论骑士的优雅，还是平民的狂放，都是民族性格的文化表征。到工业时代，英国人对运动游戏进行了工业化改造，虽然有文化学者批评"游戏就此由庄重转向了肤浅"，但标准化的场地、文本化的规则、规范化的仲裁等要素，使运动游戏变成流水线上生产出来的"标准件"，从游戏（game）变身为体育（sport）在世界通行，英国也成为现代体育运动的发散地，伴随着殖民者的脚步，把现代体育运动输送到了广阔的疆域。

面对浩繁多姿的运动图卷，我们无法展现它的全部内容，只能简略叙述这条运动文化河流的脉络，呈现其中重要的潮涌，以期读者在认知当代体育现象时，了解体育运动古老悠长的源流。

本书为成都体育学院博士点建设项目，是由成都体育学院体育史研究所策划组织编写的《世界体育史丛书》之一。本书始由知名世界体育史研究学者、澳大利亚西澳大学凡红教授牵头，后因故经由丛书主编郝勤教授提议委托，由成都体育学院张新教授完成全书主要章节写作、串写、统稿和定稿。郑州大学郭红卫副教授则主要负责选配插图，编撰文字说明，并补查英文资料，为全书各章节补充了许多关键性文字内容。具体章节作者为：第一章由张新撰写，第二章由郭红卫撰写，第三章由张新、江西师范大学黄福华博士（第三节、第一节第3点）、澳大利亚西澳大学闵戈（第二节第2点）撰写，第四章由复旦大学秦博博士和四川省委党校程晨博士、张新撰写，第五章由华中师范大学田静博士（第二、三、四节）、秦博、程晨撰写，第六章由澳大利亚西澳大学刘利、郭红卫（第一节第2点）撰写。

参加全书现当代体育部分写作的作者还有：澳大利亚西澳大学张慧杰、关志逊，鲁东大学刘晖、曲英杰、张建慧，江西财经大学冯婧，广东外语外贸大学张玲，他们都为本书撰写了重要内容，可以说合众人之力，终得本书呈献。

本书写作过程中，参阅了欧美及知名体育史专家的最新研究成果，也借鉴了国内历史学界英国史学者的相关成就，在此一并致谢。成都体育学院潘华博士、爱尔兰国立梅努斯大学吕洲翔博士、暨南大学张洁博士和人民体育出版社高级编辑晏学宁对本书的选题策划提出过宝贵意见，谨致谢意。

我们是英国运动历史之河的漂流者，尽力用中国话语方式来叙述一个彼岸的体育世界，尽管挂一漏万，仍然怀着忐忑之心，希望读者与我们一道，徜徉于河流沿岸迤逦的运动图景。

成都体育学院 张新

2019年5月